你的孩子一定有自己的强项

〔韩〕南美淑◎著
〔韩〕全爱顺◎译

为了孩子们的美好未来，
献上这本书

中国妇女出版社

图书在版编目（CIP）数据

你的孩子一定有自己的强项/〔韩〕南美淑著；〔韩〕全爱顺译.—北京：中国妇女出版社，2009.1

ISBN 978-7-80203-662-8

Ⅰ.你…　Ⅱ.①南…②全…　Ⅲ.家庭教育　Ⅳ.G78

中国版本图书馆CIP数据核字（2008）第183908号

你的孩子一定有自己的强项

作　　者：〔韩〕南美淑著
译　　者：〔韩〕全爱顺
策　　划：菅　波
责任编辑：李　里
封面设计：沈　琳
责任印制：王卫东
出　　版：中国妇女出版社出版发行
地　　址：北京东城区史家胡同甲24号　　邮政编码：100010
电　　话：（010）65133160（发行部）　　65133161（邮购）
网　　址：www.womenbooks.com.cn
经　　销：各地新华书店
印　　刷：北京振兴华印刷有限公司
开　　本：147×210　1/32
印　　张：9
字　　数：150千字
版　　次：2009年1月第1版
印　　次：2009年1月第1次
书　　号：ISBN 978-7-80203-662-8
定　　价：28.00元

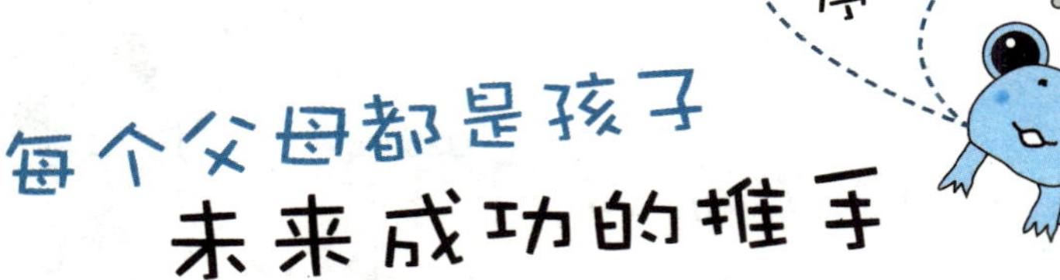

推荐序

每个父母都是孩子未来成功的推手

一个优秀的孩子背后一定有一对优秀的父母，每个父母都是孩子未来成功的推手。

读完《你的孩子一定有自己的强项》，才发现每个普通的孩子都有不凡的一面。当我们逐渐开始对孩子失望时，是否反省过我们有没有细心观察过孩子？看了该书，才知道原来能很快熟背九九乘法表的孩子并不是数学能力强，而是跟音乐智能有关，属正确节奏性的音乐智能；如果孩子对曾经走过的路能深刻铭记，那么未来也许能成为一个艺术家，属空间智能强项；手巧的孩子具有肢体运动智能强项……这本书还告诉我们，孩子的强项和天才是两回事，前者是需要发现之后的培养。而如何培养孩子的多元智能，把孩子培养成为一个优秀的人，就得从孩子幼小的行为中发掘他们的强项。

这本书告诉我们，每个孩子也许不是最好的，但一定有适合自己未来发展的强项。而发现和挖掘孩子强项的人——一定是父母。

——《母子健康》杂志执行主编 徐爽

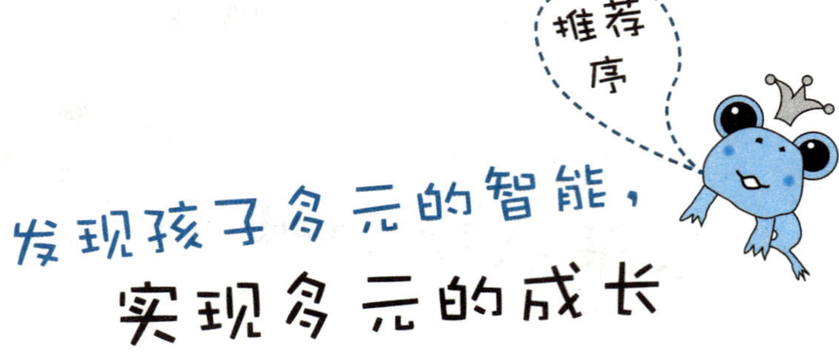

发现孩子多元的智能，实现多元的成长

其实，每个孩子都有强大的生命力和足够的资源来实现自己的成长，关键在于父母能否发现孩子的优势资源，并帮助其开掘和强化，使其为孩子的整个人生提供持续有力的供给。我们总是习惯性地做两件事：一是按照统一的标准去考量和要求自己的孩子，二是努力地“寻找短板”而非积极地“发现优势”。因此，我们原本多元的孩子被无情地放进统一的评价和成长体系里，接受后天“改造”——这种改造并不能塑造一支整齐划一的精锐部队，只是在内在的成长动力和实际的成长路径之间形成越来越大的夹角，耗费了孩子们与生俱来的生命力和成长资源。所以，希望此书能帮助父母们发现我们多元的孩子身上潜在的多元的智能，帮助他们实现多元的成长。

——《父母》Parents杂志高级编辑 朱正欧

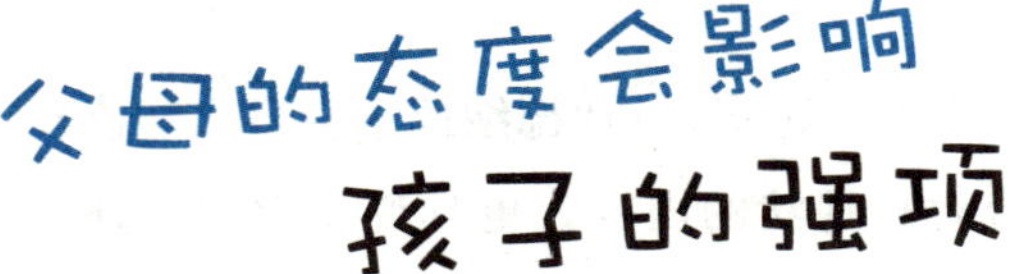

孩子的强项

多元智能发展，造就出社会的优等生

学习能力好的孩子到了社会上也不一定能成功。尤其是当今这个社会，光靠学习能力好是行不通的，孩子更需要有自己的一技之长。作者用简单易懂的写法提出可以代替所谓智商的多元智能理论，让每一个孩子都能成为社会上的优等生。不但如此，附录里的小学生能力考核方法和孩子最适合的职业查询表，更为广大的家长提供了便利。

首尔市教育厅 监事 杨琴静

从孩子的行为中发掘出他的强项

只要对孩子加以适当的刺激，就可以开发孩子的智能。激发孩子潜在智能是家长不可推卸的责任。本书详细介绍了在日常生活中寻找孩子的强项的方法，为广大的家长提供了非常实用的资料。只要阅读本书，每位父母都可以因为自己孩子的强项，而成为别人羡慕的对象。

首尔市辉敬国小 副校长 李一顺

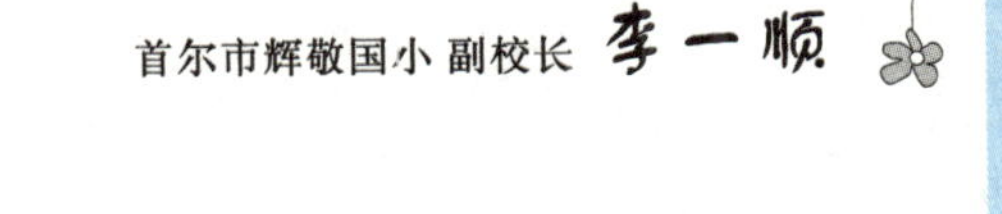

给小学生家长们的指南书

本书作者以哈佛大学霍华德·加德纳博士的多元智能理论为基础，融入了适合教育现状的内容，更具说服力。另外书里也强调，擅长画画的孩子、擅长体育运动的孩子、唱歌好听的孩子，甚至是擅长与同伴打交道的孩子，都可以像数学好的孩子一样，被称为“智能高的孩子”。这本以多元智能理论为核心的书，称之为家长教育孩子的标准指导用书，真是当之无愧。

首尔教育研究院 教授 朴银静

孩子的强项和天才是两回事

很多父母都想把孩子教育成一个成就非凡的人。他们耗费了大量的精力和心血，但是往往到最后都白费，这时候他们才会开始注意如何开发孩子潜在的素质。尽管如此，他们还是倾向于把孩子培养成“智商高的孩子”。本书作者强调，家长们应该从多方面去寻找孩子的强项，而且不能把强项和所谓的天才相提并论，书里的内容为家长提供了如何激发孩子潜在智能的时机和方法。

首尔安天国小 教师 金敏静

自序

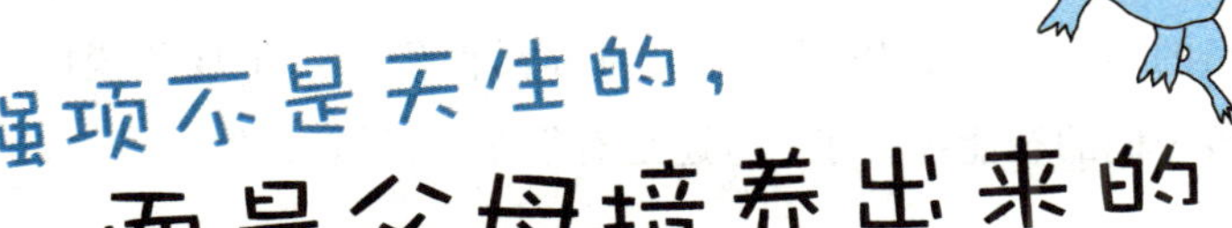

让自己的孩子拥有聪明的头脑，是全天下的妈妈们共同的心愿。从怀孕时妈妈们就开始注重如何让孩子拥有聪明的头脑。多吃松子、核桃等坚果食物，这些食物据说能让孩子变聪明所以大受欢迎。最近更兴起一种新说法，所有的商品只要标榜可以提高“智力”就一定能畅销。所以如果你去销售婴幼儿用品的商店转一圈，你就会发现，那些商品几乎都千篇一律地贴有“智力UP”的标签。

尽管如此，孩子的智能还是没有明显的提高，然后一直试着培养“头脑好的孩子”的家长们开始放弃提高孩子的智力，把焦点转向孩子素质能力的开发上。“多元智能理论”虽然是一项学术理论，但是它一直受到家长们的欢迎，原因是这个理论解决了他们对提高智力的需求。

20世纪80年代中期，“多元智能理论”由美国哈佛大学霍华德·加德纳教授提出。所谓“多元智能理论”是指那些擅于画画的孩子，擅于体育运动的孩子，唱歌好听的孩子，甚至是擅于与同伴打交道的孩子，也可以像数学好的孩子那样，被称之为“智能高的孩子”。所以，大部分的孩子都可以被称为头脑好的孩子，家长们也变得更有自信心。但是“多元智能理论”

现在仍然没有广泛地在学校教学里发挥作用，导致现在社会上出现一种现象，孩子毕业后因为专业度不足而失业，无法靠自己的能力生活，以至依靠父母养活他们。这个现象说明，虽然孩子们的智能提高了，但还是有很多人没有成功。

是因为大家过于信任“多元智能理论”自然会带给孩子聪明吗？还是因为没有充分应用呢？其实，把“多元智能理论”当成万能仙丹的父母们，你们的态度并没有错，但应该进一步拓展视野来看待孩子们。问题在于大家都只是片面地看到“智能有许多种类”及“谁都有强项”这两个观点，忽视了用实际行动去积极开发孩子的智能。

很多家长往往只关心孩子将来会成为什么样的人，反而不重视如何帮助孩子成为什么样的人，但是把“不可能”变成“可能”不正是为人父母的职责吗？在某种意义上，我们不能把“多元智能理论”的焦点定位在“每个人都有自己的强项”，而应该定位在“只要适当地刺激孩子，孩子的智能是可以得到开发的”。

我们不能只停留在找到孩子的智能上面，而要更积极地开发，提供适当刺激，让孩子潜在的能力得到最大限度的发挥。因为孩子的强项不是天生的，而是父母培养出来的。

南美淑

第一章 六个方法，找出孩子的强项

第五章 音乐智能可以提高孩子的专注力

第六章 身体运动智能让孩子表达自己的思想

第七章 人际交往智能高的孩子，未来比较容易成功

第九章 让孩子亲近大自然，培养自然观察智能

第十章 通过各种活动培养孩子的多元智能

第一章

六个方法，找出孩子的强项

1. 多元智能让孩子成为社会优等生
2. 从各方面去寻找孩子的强项
3. 孩子具有强项不等于就是天才
4. 从孩子的言行中发现他的强项
5. 激发孩子的兴趣可以提高智能
6. 孩子的智能高低与父母的智能无关

1 多元智能让孩子成为社会优等生

一个人想在社会上成功，需要多元智能。只有用多元智能取代以往的学校智能，孩子才能成为社会性复合人才。

原先你的孩子学习成绩一直都名列前茅，曾经让你感到相当骄傲，可是后来却发现，邻居家智商（IQ）比较低的小孩，长大以后却变得很有钱或是很有名气，你是否会感到百思不得其解呢？这个状况让很多父母都难以接受。如果你对孩子的要求仅仅是在学校的成绩要优异，这种情况就很有可能会发生在你的身上。

一般来说，我们会把“语言”与“数理逻辑能力”称为“学校智能”。因为学校的语文、英文、数学、社会、自然科学等主要科目，都是利用语言和逻辑能力作为学习基础的。学校所谓的优等生，大部分都是指语文与数理逻辑能力高的人，而学校对优等生所犯的小错误大多不会计较，所以优等生的孩子学生期间通常都过得很顺利。不过，学校里的优等生，未必就是社会上的优等生哦。

举例来说，在当今社会要成为一名教授，单靠学校智能真的比“骆驼穿针线”❶还难，必须具备各种其他的智能和能力，才有可能成功。

想在社会出人头地，孩子需要发展“多元智能”。❷只有以多元智能代替学校智能，才能把孩子造就成社会的优等生。让我们来看看近年来广受重视的多元智能到底是怎么发展和演变的吧。

“多元智能”是一种新的理论

哈佛大学教育心理学教授霍华德·加德纳（Howard Gardner）博士和哈佛大学教育学教授大卫·帕金斯（David Perkins）博士通过研究人类的艺术及创造力成长的过程，开发出“哈佛零点计划”。这里所说的“零点”是指“我们对智能一无所知”这个观点，同时也表明两位博士推翻陈规，以全新的想法诠释所谓的“智能”。

“哈佛零点计划”刚开始的用意只是针对艺术和创造力加以研究，后来慢慢拓展研究范围，发展一系列的理论，最后才提出“多元智能”这个概念。20世纪80年代中期，加德纳博士的著作《心智的架构》（Frames of Mind）出版之后，对智能的新诠释——多元智能理论才越来越普及。

根据加德纳博士的研究，“语言”与“数理逻辑智能”仅仅是智能的一部分而已。我们不能单纯以IQ指数来判断孩子的智能，因为人类的智能是由许多部分组成的，而且各个部分的智能是独立存在的。因此人们以往所说的“头脑简单，四肢发达”这句话，应该解释为

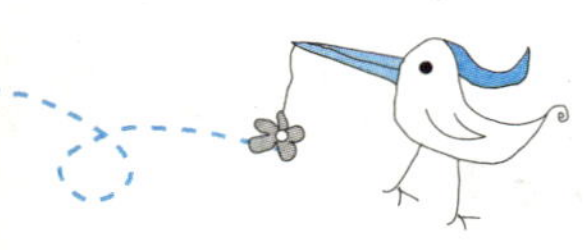

“语言与数理逻辑智能较低，肢体运动智能较高”。“多元智能理论”提出以后，成千上万的妈妈感到欣喜若狂，因为她们觉得自己孩子的未来更有希望了。

加德纳博士对智能的开发以脑部损伤为研究基础。根据他的观察发现，左脑受伤的人几乎都会丧失语言表达能力，但是在方向感、音乐感、人际交往能力方面却始终保持着良好的状态。这是因为语言智能与左脑有关。相反，如果换成右脑受到损伤，与右脑有关的智能便会显著减退。

以脑损伤患者为例，详细研究大脑与智能的关系，结果显示，大脑的每一部分都控制着单独的智能。所以人们普遍认为，“性格决定人际交往能力”，其实应该说这和大脑的顶叶、颞叶、[3]边缘系统有关。

孩子的性格和他的智能发展有关

加德纳博士定义的“智能”，除了一般了解的语言和数理逻辑智能之外，还包括很多种类型。第一次接触“多元智能理论”的人，都会有一些共同的疑问。例如，为什么音乐、空间、肢体运动

能力是属于“智能”而不是“能力”或“素质”呢?

对于这些疑问，加德纳博士做出了以下的解释：“我之所以这么说是因为，如果我和大家说人类有七种能力，人们就会打着哈欠回答我：‘是啊！是啊！’一点都不会感兴趣，所以我把所谓的‘能力’和‘素质’称之为‘智能’，是为了强调这些能力不被人们认为是智能，但其实这些能力都应该属于智能的范围。”

加德纳博士不仅仅是为了引起人们兴趣才把“素质”说成“智能”的，他为了证明每个领域和范围都有不同的智能，提出过大量的证据。下面提到的这些孩子，都是被人们认为是素质或个性很好的孩子，不过大家却都没有仔细思考过，这些孩子的优势其实都是由他们的智能所带来的。

范例

1. 就算是面对陌生人也能很快与其亲近，常常收到朋友生日派对的邀请，能够精心准备给同学生日礼物的孩子，是“人际交往智能”高的孩子。

2. 对动物和植物表现出特别的爱好，甚至让人觉得他的祖先可能是人猿泰山（*Tarzan*）的孩子，是“自然观察智能”高的孩子。

3. 喜欢发呆，但目标明确、自我管理严密的孩子，是“自我认知智能”高的孩子。

4. 擅长运动，一到上体育课就精神焕发的孩子，是“肢体运动智能”高的孩子。

5. 可以画出清晰易懂的拜访友人的路线图，甚至可以把途中的记号画得非常精致的孩子，是“空间智能”高的孩子。

6. 只要听到新歌，第二天就能哼唱几句，甚至可以在朋友面前富有感情地唱完，让别人羡慕的孩子，是“音乐智能”高的孩子。

❶骆驼穿针线

出于圣经。原文是："富有的人上天堂比骆驼穿针线还难。"意思是财主因为觉得财富才是他的上帝，所以很难进天国。其中的"骆驼"意指一种用"骆驼毛"织成的线，而这种线必须拔掉外皮才能顺利穿入针孔。此句也可以理解为：比登天还难。

❷多元智能理论

多元发展智能是由1983年哈佛大学的霍华德·加德纳（Howard Gardner）博士提出的，他打破传统的智能商数（IQ）概念，认为应该将更多样的能力，包括体能、情绪、认知、语言、社会的人际关系的能力，纳入评估个人智能。这七种智能代表每个人七种不同的潜能，这些潜能只有在适当情境中才能充分发展出来。由于这七种智能普遍存在于人群中，因此多元智能的理论已广为心理及教育学界接受。

这7种智能包括：

1.语言　2.数学逻辑　3.视觉空间　4.身体动作
5.音乐　6.人际关系　7.自我认知

❸颞叶

大脑的构造之一，位于外侧裂下方，由颞上、中、下三条沟分为颞上回、颞中回、颞下回。负责处理听觉信息，也与记忆和情感有关。右颞叶大脑主宰着"艺术天才"。

叮咛：

“语言智能”和“数理逻辑智能”是一切学科的基础。把基础打好了，孩子的能力才能更上一层楼。

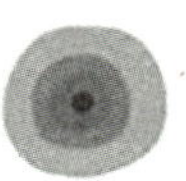

2 从各方面去寻找孩子的强项

不要局限于重视孩子的学校智能，
要从各方面去观察孩子，
找出孩子的强项。

参加过同学聚会以后，很多人会出现以下情况，也就是所谓的“同学聚会后遗症”。

“唉！我前两天参加高中同学聚会，发现以前在学校成天睡觉、惹是生非的×同学，现在竟然在可乐洞市场[1]做生意，成了大老板，有一次还捐了好几百万给学校呢！现在同学们对他的态度都变得不一样了。”“那个×××，当年虽然不是很聪明，但是做事倒是挺有一套的，尤其是大家在一起玩的时候他很会活跃气氛。现在看来，聪明其实根本就没用，像我如今还不是天天都得吸粉笔灰。我想，成功应该和智力无关吧！”

尤其是那些在学生时代就备受关注的人，参加同学聚会后常常感到郁闷，心想：“想当年我因为特别优秀，曾经是老师捧在手心里的宝，也是同学们嫉妒的对象，可是现在竟然沦落到这种地步了，唉！”优秀的成绩并没有让他们成年后一举成功，他们以为：“成功的秘诀除了智力之外，还有其他存在的因素。”而加德纳博士却主张，“成功的秘诀就是智能”。

成功的秘诀来自于人际交往智能

加德纳博士的研究证实，那些学生时代成绩差的人，后来居然成为大老板，还捐助好几百万给学校，他们就是属于“人际交往智能高”的人。**加德纳博士把人际交往智能定义为：“具有察觉并区分他人情绪、意向、动机和感觉，辨别不同人际关系的暗示，以及对这些暗示做出适当反应的能力。**”基本上为人处世不只是要靠理

性思维，更需要具备察觉他人心情，以及与他人沟通的能力。善于与他人相处的人在社会上更容易成功。

我们要跨越学校智能的界限，多方面地去看待孩子。“我家学习能力优秀的孩子一定比邻居家学习能力不好的孩子有出息”，这不一定是常理，更何况现实中也不乏学习能力差的孩子比学习能力好的孩子更成功，而成为“有钱人或成功者”的例子。

不可以过度依赖学校智能

在法国电影《第八天》（The Eighth Day）中让人印象最深刻的是获得最佳男演员的帕斯卡·杜凯尔（Pascal Duquenne）的精湛演技。那些对唐氏综合征患者存有偏见的人们看到罹患唐氏综合征的帕斯卡·杜凯尔的表演后，一定会对他有新的认识吧。

“唐氏综合征”是由一种先天染色体异常引起的偶发性疾病，患者的智商一般在50以下，所以很多人认为他们的智力非常低下。但是电影《第八天》中的帕斯卡·杜凯尔的演技精湛，特别是他在商店里与老板讨价还价的那段表演，不得不让人再次反省自己批评他人“智力低”是否正确。剧中帕斯卡·杜凯尔因为不讲理

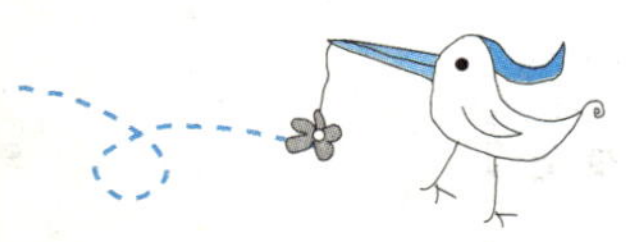

而被老板追逐时的回眸一笑，或是在屋顶想飞，往母亲怀抱纵身一跳，以及让人感到“不是掉下去，而是微笑着飞向更高处”，等等，这些镜头显示出他的演技，让人肃然起敬。依据加德纳博士的多元智能理论加以分析，帕斯卡·杜凯尔是个具有非凡智能的人，他的多元智能检查结果如下：

语言与数理逻辑智能偏低的人，肢体运动智能通常较高，我建议可以利用他们肢体运动智能的优势，来开发潜在的智能，找到属于他们自己人生的道路。

不要片面地去要求孩子的学校智能必须多高，而应该努力找出孩子的强项，找出属于他自己的道路，例如：人际智能低，而语言与数理逻辑智能高的人不适合当老板；语言与数理逻辑智能低，但是人际交往智能高的人，不适合从事大学教学工作等。

---

❶可乐洞市场

位于韩国首尔松坡区，是著名的农水产批发市场，它的农产品年交易量世界第一，代表着韩国农水产品批发市场的发展水平，是韩国农水产品流通中心，在韩国农水产品流通领域起主导作用。

3 孩子具有强项不等于就是天才

寻找孩子强项的妈妈们感到失望的原因，是她们总是把强项和天才混为一谈。

加德纳博士提出的“多元智能理论”让不少妈妈相当高兴，因为她们曾经相当逃避面对孩子智能不好的问题，甚至只要听到周围的人议论孩子只爱运动，是个头脑简单四肢发达的孩子时，这些妈妈的内心就会感到很悲哀。如今这些妈妈发现了“每个人都有强项，重要的是如何把它挖掘出来”的多元智能理论，当然无比高兴了！

随着“多元智能理论”观念的普及，家长们对于成天只知道玩乐的孩子的看法也渐渐有了改变。但是在多元智能理论提出几年之后，如果这些妈妈仍没找出孩子的强项，就会感到紧张和不安，又开始唉声叹气、忧心忡忡了。

这些想从平凡的孩子身上找出强项的妈妈们，感到失望的原因大致有两个：一是因为她们把强项和天才混为一谈了；二是因为她们只是默默等待，却没有采取任何行动，期盼孩子的强项有一天会奇迹般地出现。

因为扮演电影《我的小小钢琴家》（For Horowitz）[1]中的天才少年京文而轰动一时的韩国儿童演员申义才，在现实生活中也是一个极富音乐感的天才少年。他亲自演奏了电影里的所有作品，证明他本身就具有音乐天赋。所以电影推出之后，申义才立刻成为焦点话题。而面对这些舆论，他的反应是：“对我来说，弹钢琴是一件简单、有趣的事。”

在“国际舞蹈家奖”（Benois de la Danse）（堪称舞蹈界的奥斯卡奖）中获得最佳舞蹈演员殊荣的韩国国家芭蕾舞团首席舞蹈演员金珠媛，也是在小时候就显露出舞蹈方面的天赋的。她从小学五年级开始学芭蕾，三个月后就参加韩国芭蕾舞协会主办的比赛，并获得铜牌，来年获得金牌的殊荣，震惊整个韩国。

很多人一谈到强项就会联想到“天才”，而且每天都只知道期望孩子潜在的强项有一天会奇迹般地出现，成为全国第一或是世界第一。**但是大家必须要清楚，强项智能指的是“在自身多种智能中相对较具有优势的智能”，而不是“比别人出众的智能”**。

我们因为怀疑多元智能理论，而放弃寻找孩子强项的原因，往往是因为我们误解了“强项”的意义。举例来说，如果“我的孩子学习成绩比别人差，但是却很会和人们沟通交流意见”，我们可以理解为：“我的孩子语言和数理逻辑智能虽然比较差，但是人际交往智能却很高，所以他的强项是人际交往智能。”

孩子的强项不是天生的，而是培养出来的

我们经常会看到完全不采取任何行动，只会期盼孩子的强项

有一天会奇迹般出现的父母，或是为了寻找孩子强项而带他去做各种检查的家长。这些父母认为，寻找孩子的强项如照胃镜检查那样简单，只要进行检查就可以断定："我的孩子强项是这个，弱项是那个。"

然而，现实生活中也有很多孩子是没有特别的强项的。老师们常常会说："有些孩子就是特别聪明，无论什么事都做得很棒，但有些孩子不管怎么努力却总也做不好。"可见有很多孩子没有所谓的强项。

但是我们也不必因此感到失望。如果你很难找出孩子的强项，或是他的强项和你期待的有差距，那么你可以采取适当的方法去发现孩子潜藏的智能。加德纳博士也针对智能的可开发性指出："适当地刺激孩子，孩子的智能就可以得到开发。"所以，家长和老师的任务就是适当地刺激孩子，唤醒他们潜藏的智能，进一步培养他们的强项。

---

❶《我的小小钢琴家》
韩国电影，内容描述的是一位忧郁、备受挫折却满怀教学热忱的老师，与一位桀骜不驯却才气洋溢的孩子之间的故事。

4 从孩子的言行中发现他的强项

用测验题来确认孩子的强项
也是一种方法。
长期与孩子接触的妈妈们的眼力，
比测验题更准确。

孩子从学会说话开始，妈妈就不知不觉地有了幻觉，例如：孩子只要一张开嘴巴，妈妈就会高兴地拿起电话唠叨：“老公，咱们的小孩会说‘妈妈，爸爸’了！下班后要早点回家听听孩子说话哦。”或是孩子只不过胡乱地画了几笔，在妈妈的眼中却是一幅很棒的抽象画。换句话说，在每位妈妈的眼里，自己的孩子永远是天才。

妈妈是与孩子相处时间最久、最了解孩子的人，与其依赖智能测试，还不如仔细地去观察孩子的行为，从中找出孩子的强项。

对孩子的关心是最好的智能测试

现在我的孩子贝利正在学美术，因为他起步比较晚，所以错过了去美术学院附属中学念书的时机。由于孩子在学校的美术成绩不算好，家族也没有在绘画上特别有天赋的人，所以我们完全没想到他会有美术方面的天赋。因此当孩子在生活中偶尔表现出对美术格外有兴趣时，我们也没把它当一回事。

在孩子小学一年级的时候，有一次我们一家四口到南汉山城游玩。等我们走完一圈，正准备下来时才发现，一直跟在身后的孩子不见了！我急忙原路跑回去，看见孩子一动不动地站在路边，正出神地望着枫叶。

“贝利，你在干吗？”

“妈妈，枫叶太漂亮了，我好想哭哦。”

“天快黑了，咱们回去吧。”

那天我催促孩子早点下山，却忽视了孩子空间智能的潜质。

在他小学二年级的时候，贝利也像别的同龄孩子那样沉浸在恐龙的世界里。但是让我惊奇的是，别的孩子多半是拿着恐龙模型当玩具玩，但贝利却是把玩具当成画画模型，试图从不同的角度画出不同的恐龙。我看着他整天趴在地板上，翘着屁股全神贯注地画着恐龙时，总会不耐烦地责备他：“总是那样趴着画画，对眼睛不好。”现在回想起来，那时候的我又再一次忽视了孩子潜在的强项。

贝利小学三年级时，我曾带他去雪岳山游玩。我发现，当别的孩子都在小溪边玩耍，享受久违的灿烂阳光时，只有贝利坐在一旁，一直看着山顶发呆。

“贝利，你在想什么呢？”

“嗯，妈妈，云彩把山顶擦掉了。”

那一次回家后，我看到孩子把当时所看到的景象一模一样地画出来，却还是没把它当一回事，只是夸了他一句：“这么快就把作业做完啦。”就这样，我再一次忽视了他潜在的强项。

在贝利即将进入中学就读时，他很担心自己考不上B中学，只能读A中学，而他不愿意念A中学的原因是，A中学的校服比B中学的难看。幸好后来他如愿以偿地考上了B中学。但是当他一看到夏装的颜色时，又开始埋怨起来。当时我责备他：“男孩子那么在

意衣服的颜色，真是不像话！”但后来仔细想了想，这几年我完全没花心思在孩子的打扮上，也忽视了衣服的颜色搭配完全是出自于孩子自己的精心设计，竟然还沾沾自喜地以为，他穿得很好看都要归功于我买给他的衣服好看。就这样，我一直在忽视孩子潜在的强项。

快进入高中时，有一天孩子竟然表示他想学美术。那时候我才想起这些琐碎的往事，不就是孩子对美术表现出的潜在智力和才能吗?

“现在学美术还不算太晚，再说孩子对美术还是有一定的天赋，现在开始学，完全有可能考进美术大学。”就这样与美术老师商量后，孩子便开始专心学美术。虽然还为时不晚，但时至今日我仍然为没有及时发现孩子在美术方面的天赋而感到内疚。

我们有必要关注孩子的一举一动，要了解孩子对什么感兴趣，能做好哪些事，想在朋友或亲戚面前表现什么，等等。我们可能在生活中忽视太多孩子表现出来的强项和优势，所以你是不是也正在强迫孩子专注于课业，而忽视了他所表现出来的各种强项呢?

妈妈看待孩子的眼力最准确

妈妈们都希望在别人面前夸耀自己的孩子，而且特别喜欢举具体的数字，例如："我家孩子的智商有140。""我家孩子也很厉害，身体运动智商是140，人际关系智商是150"……而加德纳博士是反对用这些数字来衡量孩子智能的。

加德纳博士及许多的学者都一致认为，用数字衡量孩子的智能是不合理的。他们提倡：**"父母应该在生活中寻找只属于孩子自己的强项，并给予他们合理的评价。"**

但是还是有很多家长想用更客观的方法去检验孩子的智能，这种心情是可以理解的。所以，为了满足广大家长的需求，专家学者们提出很多关于多元智能的测试题。不过，这种测试题与传统测试题有所不同，它的目的不在于告诉家长孩子的智能是多少，而是表现孩子与同龄人相比的相对数值。

我自己设计出的"小学生素质能力考核表"也是其中之一（见附录）。试题按照各个智能分类，每种智能都有12个相关问题，综合这些问题的解答去计算分数，借此了解孩子的强项。虽然我也相当努力地用更科学、更客观的方法来设计问题，但因为我的能力有限，仍感到有不足之处。

在设计这些问题的时候，通过多次的阶段性报告，有幸借鉴多

位心理测试专家的意见，获益匪浅。在第一个阶段性报告中，有位评委的话让我大吃一惊，虽然他的话听起来很讨厌，却一针见血地指出了问题的要害。那位专家在测试身体运动智能关于毅力的问题中，对“我能一口气跑到山顶”这个题目提出异议。

“为什么用这种方式测试孩子的毅力？测试孩子是能走到山顶，还是会在途中放弃，只要亲自带孩子去山上试一下不就知道了吗？就这样让孩子自己判断只是纸上谈兵。还有‘我能用筷子夹小东西’这一项也是，只要亲自试一下不就知道了吗？”

听到专家们的意见，大家全都哑口无言。这个测试题主要是测试孩子对自身的认识，根据过去的经验而完成的。与其用测试题来断定孩子的强项，还不如从生活中去观察孩子的行为，找出他的强项，因为每天与孩子长时间相处的妈妈，眼力一定比测试题更准确。

5 激发孩子的兴趣可以提高智能

智能和兴趣不一定朝同一个方向发展，所以父母要用不同的角度去看孩子。

为了找出孩子潜藏的智能，很多妈妈会把孩子的行程排得很紧凑，从最普遍的英语补习班到演讲补习班、美术补习班、跆拳道培训班，每天都有那么多补习班等着孩子去参加。有个笑话是这样说的，这种“激进妈妈”比较多的地区，儿童精神病发病的概率也比较高。这说明这些妈妈教育孩子的方法是有问题的。要正确开发出孩子的智能，需要诀窍和技巧，例如想方设法激发孩子的兴趣、提供多元的环境等。

孩子的智能和兴趣不一样

如果孩子的智能强项就是他的兴趣，那该有多好！许多关于多元智能的测试题中，如“你喜欢数学计算，不喜欢画画”等问题，只有在兴趣和智能都朝同方向发展的前提下，孩子才能够回答。但是，兴趣和智能到底是不是一回事呢?

偶尔我们会见到平常很讨厌念书或是学习，但只要一开始学习就可以做得很棒的孩子；或是平时不爱学习，成天只沉迷于玩球，但是只要他们偶尔下点功夫去读书，就能在短时间内解决数学难题的孩子。这样的孩子我们会把他们断定为“肢体运动智能很高，数理逻辑智能偏低”的孩子。

为了更客观地了解孩子们的多元智能，我做了以下实验。在一个宽阔的空间内设置了八个智能实验中心，然后发给每个孩子十张票，让他们凭这些票到自己喜欢的地方玩。原来的设想是，孩子们会选择各自有智能优势的地方玩，但是事实却与预测的相反，大多

数的孩子选择了更有趣、更吸引人的实验中心，这证明了数理逻辑智能高的孩子不一定会选择去数理逻辑智能试验中心玩。

最后得出这样的结果：**“孩子们选择实验中心与数理逻辑智能、肢体运动智能的高低无关，而是由孩子自己的兴趣决定。”**结论是实验结果并没有让我们更多地了解孩子的多元智能。

孩子的智能和兴趣往往朝不同的方向发展。因此我们要从不同的角度看待孩子。

但是我们也不能因此忽视孩子的兴趣，适当的兴趣可以激发孩子潜在的智能，如果单纯为了提高孩子的数理逻辑智能，而一味地让孩子做数学和逻辑题，反而会把情况弄得更糟。

如果孩子对运动有兴趣，而你又想提高孩子的数理逻辑智能，可以在生活中试着利用各种出现在运动中的数字来引起他的兴趣，或教导孩子如何在运动游戏时使用逻辑来取胜。

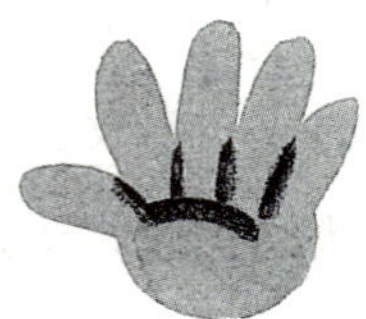

兴趣是刺激智能提高的有效途径

韩国的一个小小诗人珍烨，在生活中是个小淘气，但是他有个特殊的兴趣，就是观察事物。有时候他会坐在树下，目不转睛地观察树枝上的知了（蝉）；看到蚂蚁窝时，他也会把里面的东西挖出来看；有一次他在阳台上发现一只蜗牛，还一连观察了好几天呢！

珍烨从小就喜欢蓝天、草木、昆虫等，可以说只要是属于大自然的东西，他全都很喜欢。不仅如此，甚至连讨人厌的蜗牛、青虫等，他也觉得很可爱，常常把它们当成玩具。

珍烨爸爸发现珍烨对大自然的好奇心之后，决定利用他这方面的爱好，培养他的强项。因此从珍烨五岁那一年开始，爸爸为了培养他对诗歌的感受力，每年都会带他去参加诗朗诵比赛。此外，每次珍烨睡觉前，爸爸还会为他讲童话故事，日复一日，直到他九岁。

珍烨爸爸的语言刺激让珍烨懂得用优美的诗句写出自己对自然的感受。他回想着与妈妈在沙滩上的经历，因此写下《沙滩》这首诗；在山坡上闻到松树的香味后，又写下了《风》这首诗。

后来，珍烨开始在自己写的诗上画小插图。同时，诗的素材也越来越丰富了，主题变得意味深长。在小学四年级时，他开始用诗句表现更多大自然以外的事物，包括友情、爱情、学校生活，甚至

还谈论人生的问题。一年之后，五年级的珍烨出版了自己的第一本诗集《蜗牛》，成了韩国家喻户晓的小诗人。

“童诗让人们的心变得很踏实。写诗的时候，我的心情也会不知不觉变得很舒服，内心世界也变得更广阔。”

这么小的孩子之所以能够感受到写诗的乐趣，滔滔不绝地说出写诗的理由和感想，是因为他的身后有一位伟大的爸爸在支持他，引导他利用对自然的兴趣激发自己在语言智能方面无限的潜能。这种教育方法值得借鉴和学习。

智能在优越的环境中成长

为了唤醒孩子潜藏的智能，需要给他“优越的环境”。这里的优越并不是指物质上的优越，而有些母亲却误解成这个意思，因此让刚学会走路的孩子玩拼积木、学习卡等，孩子的智能不但没有因此提高，反而带给孩子“混乱的思考环境”，严重者甚至还导致孩子患上精神疾病。

提到“鸟”，最先让人想到的应该是尹茂夫博士。他曾经说过，促使他喜欢鸟、研究鸟的不是别的，而是孩童时期让人难以忘

怀的故乡。

“我出生在巨济岛❶一个叫张承浦的小村庄，从小学起我就跟着父母到田里与海边干活，所以经常能看见各种鸟类。也可以说是我的生活环境让我产生研究鸟类的动机，所以我的成功要归功于我的母亲。”

韩国厨师鲁幽静在11岁那年就拿到了河豚烹饪资格证（堪称厨师界的律师资格考试），她能有这么惊人的成绩也和她成长的环境有关。幽静从小在爸爸的生鱼片店长大，七岁就对料理表现出兴趣。

“小时候到店里帮忙时，经常能看见爸爸忙碌的身影，那时候就觉得爸爸切生鱼片的模样真的好神奇！”

后来幽静终于说服父母让她开始学习烹饪，并坚持每天练习三小时的烹饪技巧，厨房自然而然成了幽静的修炼场所。

在“第二十三届世界青少年围棋锦标赛”中获得优胜的罗玄，他的优越环境是因为他常和爸爸一起去棋苑；而在LPGA❷的SBS公开赛中获得优胜的金珠美，她的优越环境则是经常与爸爸一起去高尔夫球练习场。

从这些孩子们小时候随着父母的兴趣而偶然接触某一方面，最终居然造就出世界级名人的例子不难发现，孩子的成长环境有多么重要。所以只有具备优越的环境并且能够利用这些环境，孩子才能茁壮成长。

❶巨济岛

位于韩国东南部，面积383.44平方公里，为韩国第二大岛。北面为镇海湾，南面是朝鲜海峡，东面是朝鲜东海（日本海），过去依赖船只与本岛联系，现在则有新巨济桥相连。岛上多山，最高的山有580公尺高。

❷LPGA

（Ladies Professional Golf Association）美国女子职业高球联盟，LPGA是女子高尔夫球选手梦寐以求的最高赛事。

叮咛：

从生活中就可以培养孩子的强项，像利用孩子有兴趣的运动和游戏一样，可以提高孩子的数理逻辑智能。

6 孩子的智能高低与父母的智能无关

就算是父母的智能较低，
孩子的智能也未必会低，
一定有可以提高孩子智能的方法。

大多数人都认为，如果父母的智能比较高，孩子的智能也一定会比较高。但是如果把智能看做是不可改变的命运，那也未免太武断了。有没有能在朋友面前自豪地称赞“我的孩子非常聪明”的方法呢？

在电影《千钧一发》中，主角文森是个有遗传缺陷的人，但智能是天生的还是出于自身后天的努力？当然，在这部电影里，文森最终克服了遗传的缺陷，实现了自己的梦想。下面我们来了解一下文森的一生吧。

电影里文森是神的孩子，但是大部分神的儿女都保留了不可避免的遗传缺陷。遗传学理论证明，具有遗传优势的人在社会中占有主导地位，而有遗传缺陷的人却只能当下层百姓，而且不管他再怎么努力，社会地位也不会有任何的改变，上下两个阶层之间更不允许有爱情。

文森刚出生的时候，通过基因检查被断定他是个病弱、寿命短、将来还可能会有犯罪潜质的孩子。他受不了家庭和社会对他的羞辱而离家出走。他拼命努力克服遗传缺陷，最后终于实现了自己的梦想。

智能会“遗传”吗

主张“智能是遗传的”的代表人物是法兰西斯·高尔顿（Francis Galton）[1]。他坚信“白人比黑人、富人比贫人更聪明”，也主张为了人类文明的进步，智能高的人要多生孩子，智能低的人

则要抑制生育。

支持智能遗传论的研究中有个叫做“关于双胞胎的智能研究”报告。美国洛杉矶大学的保罗·汤普森（Paul Thompson）教授团队以多位同卵双胞胎和异卵双胞胎作为实验对象，比较他们大脑的磁波。

他们特别针对与智能有密切关连的顶叶、颞叶的灰质分布状态进行详细研究，结果表示，同卵双胞胎有95%以上的地方是相同的，而异卵双胞胎则几乎没什么相同的地方，可以说，与外表极相似一样，同卵双胞胎的大脑解剖模样基本上也是相似的，所以大脑的机能（也就是指智能）也都差不多。

比起别的兄弟姊妹，双胞胎的智能是差不多的，而同卵双胞胎比异卵双胞胎的智力更相似。而且研究结果显示，如果同卵双胞胎中的其中一个被别的家庭领养，他的智能几乎不会受到领养家庭影响，还是和双胞胎中的另一个人相当类似。

伦敦国王学院罗伯特·普洛明博士也认为，智能会受到遗传的影响。普罗明博士以智商在160以上的青少年为实验对象，分析他们的遗传因子，结果表明，他们的六号染色体、被称为IGF2R的遗传因子存在着变异，因此发现了“smart基因”的遗传因子。

但具有smart基因的人未必都是天才，只是比起具有别的类型遗传因子的人，平均智商要高出一些。普罗明博士认为，人们起码

具有十个以上与智能有关的遗传因子。这说明即使改变其中任何一个遗传因子，也无法造就出智能非凡或是好奇心强的孩子。

智能可以靠后天的努力来提高

为了探索智能和环境的关系，很多专家都进行了相关的研究，我们举其中一项研究来说明。这项研究以24名孤儿院的孩子为研究目标，研究过程历时26年之久。这项研究把24名孩子分成两组，第一组的13名孩子生活在有家长的家庭，可以享受到关心与教育，剩下的11名孩子则继续生活在孤儿院里，与其他孩子一起长大。

起初，与家长一起生活的13名孩子的平均智能只有64，而且除了其中的两名孩子之外，其余的孩子都患有不同程度的精神障碍。而另一组的11名孩子平均智商为86，其中只有两名患有精神障碍。

两年后重新测试孩子们的智能，专家们惊奇地发现，第一组的13名孩子的智能平均增长了28，而继续生活在孤儿院的11名孩子的智能则下降了26。25年以后，曾经生活在家庭中的13名孩子大部分都有了幸福的婚姻，平均学历也在高中以上，还有几个人已经成为大学教授、护士等专职人员了。

而另一组没在家庭环境中生活的11名孩子，平均学历只有小学四年级，其中四人已经有不同程度的精神障碍，而且大部分都是靠从事单纯的体力劳动维持生活。这项研究结果告诉我们，智能不是天生的，而是受到环境影响的。

加德纳博士也说过："如果提供适当的刺激，孩子的智能是可以得到开发的。"所以家长们不要认为自己的智能不高，孩子的智能也会不好而自暴自弃，反而要更积极地面对现实，勇于寻找激发孩子智能的方法，这才是当父母的责任。

---

❶法兰西斯·高尔顿（Francis Galton，1822～1911年）

法兰西斯·高尔顿是查尔斯·达尔文的表兄，他是英格兰维多利亚时代的人类学家、优生学家、发明家、心理学家和遗传学家等。一生发表了超过340篇的报告，在公元1883年最先开始使用"优生学"这个名词，他主张人类的才能是可以通过遗传延续的。

第二章

数理逻辑智能是所有科目和学习的基础

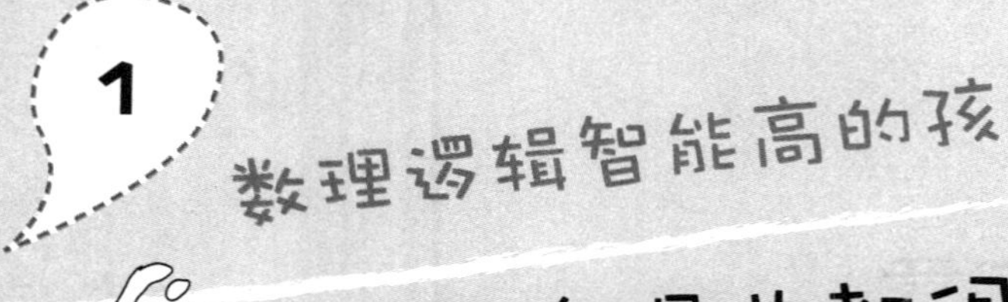

1 数理逻辑智能高的孩子，所有课业都很优秀

数理逻辑智能高的孩子，
他的其他课业也会很好。
他们只要开始学习，
成绩就能突飞猛进。

大部分学习成绩很好的孩子其数理逻辑智能都会比较高。有时我们会听到人家说："这孩子挺聪明的，但就是不用功，所以成绩才会这么差。"然而这样的孩子也可以说是数理逻辑智能较高的孩子。而且在两个成绩差不多的孩子当中，"聪明但是不用功"的孩子比"有点笨，但是很用功"的孩子未来成功的概率高。**因为在数**

理逻辑智能上具有优势的孩子，将来进入社会后更能战胜挫折。

不要死记硬背，要彻底理解原理

人们一直把数理逻辑智能看做是智能的核心，学者们也认为这种智能是人类认知能力最重要的部分，它包括：逻辑类型、逻辑关系、陈述句和命题、函数等抽象思维能力；分类、简单化、计算、假设和证明等。

数理逻辑智能高的人解决逻辑性的问题比普通人要快得多，而且由于善于推理，往往会采用科学的方法来解决具体问题。不但如此，他们对数字也很敏感，所以很快就能记住车牌号或电话号码。

数理逻辑智能高有利于完成学校的功课。因为他们只要稍微用功学习，成绩就能大幅度提高，因此在学校也常受到同学和老师的喜爱。当别的孩子花很多时间背公式的时候，逻辑智能高的孩子不但不会死记硬背，还会因为他们理解了原理，就算遇到难题也能迎刃而解，所以对于没学过的部分也能独自摸索出答案。

运动的时候也要动脑筋

不久前我的女儿智仁开始学打高尔夫球。她认为打高尔夫与肢体运动智能有关，所以很担心自己无法学好。她对我说：“我一点运动细胞也没有，可以学好高尔夫吗？到底先报名一个月比较好，还是一次报三个月呢？”

因为球场是按月收费的，而且一个月就要15万韩元，而直接报名三个月会有优惠，大约45万韩元，平时节俭的她最后还是选择了三个月的优惠。但是三个月后，出乎我意料之外，智仁竟然还想继续学，所以就干脆一次报了六个月。可是我记得她明明说过她对打高尔夫没有信心啊。

有一次与她一起吃饭时，我忍不住提出了疑问。我们聊了很多关于高尔夫的话题，高尔夫球和物理、数学的关系，与其说我们是在谈运动，还不如说是在做学问呢。这次的聊天令我感触颇深。

原来挥臂时候的角度，或是腰、肩、腿摆动的顺序，高尔夫球受力的大小等，大部分的原理都与高中物理的内容类似。而且智仁还希望这一次的课程学习，可以在单独没有教练的情况下自己练习，因为她认为教练的方法不适合自己，反倒是分析别人的姿势或是自己摸索练习时感觉更有效。她说她之前有好几次都差点与教练吵架，因为她觉得教练只一味地让学生们死记硬背方法和姿势，但她自己偏偏有一套独特的见解，例如她会考虑球在力学上的作用点等，因此每次当她用自己的方法打球时，教练就会说她这个不对、那个不对，所以这次她决定自己学习。

智仁认为每个人都要找出适合自己的运动姿势和方法，她的例子也充分说明了一个道理："**运动时也要动脑筋，也要利用数理逻辑智能**"。

数理逻辑智能高的人，就连运动的时候也会注重事实和道理，所以经常让周围的人感到头疼。但是也正因为如此，他们做事时才能减少误差，达到高效率。有句话说，"有实力的运动选手他的成绩一定也很棒"，也许就是这个道理吧。

2 旺盛的好奇心成为孩子学习的动力

数理逻辑智能高的孩子的学习成绩通常都很好，人们大多很喜欢这些孩子。他们的领悟能力特别强，一点就通，通常都能独自摸索出学习方法，从1数到10，慢慢再学会数到99，然后只要教他数100，他就能一直数下去，懂得举一反三。此外，他们做事总是相当有条理，喜欢做实验，相对于同年龄的孩子，他的数理逻辑智能较高。**根据多元智能的测验结果得知，数理逻辑智力高的孩子好奇心都非常强，而且也善于理解原理。**

理解原理之后才去算数学

我的母亲曾经教我她在高中时学会的珠算，因为只要理解了珠算的原理和使用方法，就能轻松解决好几位数的计算。对我来说，边想边算的珠算比计算器有意思多了。

本来以为电子计算器越来越普及，珠算就快落伍了，没想到最近居然重新刮起一阵珠算风潮。因为珠算不只是单纯的计算，手指细微的动作还可以促进智能的提升，而且珠算是需要理解原理才能去计算的，这就达到了手脑并用的双重效果。所以，特别是数理逻辑智能高的孩子，用珠算来算数学非常有效。

数理逻辑智能高的孩子好奇心比较强

小时候听到佛教的轮回说就觉得非常奇怪，现在想想还是觉得很好奇。轮回指出，人在出生之前可能是昆虫、小狗之类的动物。但是你想想，不管是人还是动物，都比以前多得多，可是哪有那么多的动物可以变成现在的人呢？那现在的动物是什么变的呢？人们常常说我老是想一些没用的问题，但是这些在别人眼中认为是理所当然的东西，在我眼里却很奇怪。

爱迪生小时候每次看见一样东西就会觉得很神奇，对这东西感到很好奇，所以常遭到大人们的责备和不满。数理逻辑智能高的孩子也是这样，别人认为很普通的东西，在他们眼里显得很特别。

这样的好奇心会变成求知欲，而周遭事物也会变成很好的教材。数理逻辑智能高的孩子旺盛的好奇心，往往会成为他学习的动力。疑问解决之后的满足感，也会成为孩子学习过程中的催化剂。

这些孩子通常喜欢创造新的知识

我在小学三年级的时候，曾拿着哥哥的科学箱参加组装比赛，参考着说明书去试着做，没想到第一次就以优异的成绩获得奖项。后来，我每年科学月都会参加组装大赛，而且年年都得奖。其实，我有信心做出模型飞机之类的东西，现在只参加这项比赛实在太可惜了。

组装科学箱的时候，有的孩子是按部就班地照着说明书来操作，但是有的孩子却会有不同的创新意识，利用说明书的知识制造出新的东西。如果说理解说明书的能力属于空间智能，而应用这些原理的能力就可以说是数理逻辑智能了。

数理逻辑智能高的孩子，因为了解原理，所以可以创造出新的东西。不仅如此，只要理解了原理，学过的知识也不会轻易忘记。

3 理解原理可以提升数理逻辑智能

聪明的孩子善于运用逻辑思考。数理逻辑智能是超越时代限制、被人们推崇的智能。

有人说艺术感知能力的发展（音乐智能和空间智能）是社会发展的一大趋势，这种能力在将来的社会相当重要。谁也无法否认数理逻辑智能具有强大的影响力，因为聪明的孩子其数理逻辑智能也比较高。

我们能使用机器人打扫环境，用全自动洗衣机洗衣服，自己则在客厅悠闲地看电视节目，不都是数理逻辑智能高的人们的功劳吗？在一定意义上，数理逻辑智能可以说是超越时代的限制，被人们所推崇的一种智能。

有些孩子一遇到难题就想逃避，但是有没有可以提高这些孩子数理逻辑智能的方法呢？

结果不重要，重要的是过程

有些孩子上了补习班之后，成绩就开始突飞猛进。但是用这种方式来提高孩子的成绩，他的学习能力是不是也一起提高了呢？

很多学校都很重视孩子的学习过程，这意味着他们开始把焦点都转移到吸收知识的方法上。所以比起以前的孩子，现在的孩子虽然学习到的知识少了，但是他们更善于创新，也能摸索出更多的知识，所以妈妈们才会看不懂孩子的数学课本。

有些补习班只是以提高孩子的学习成绩为目标，急着提高成绩，却不重视学习过程，只告诉孩子如何找出正确答案的方法，而孩子也会变得不在乎解答的过程，最后所学到的只是“用这种方法就能得出答案”的思维方式。这些粗浅的解答方法只能暂时提高考

试成绩，并不能真正提高孩子的智能或是实力。

补习班的速成学习法往往会让孩子对学校的功课感到厌倦。让孩子有“为什么要这么麻烦？用这种方法立刻就能得到答案”的思考模式，反而阻碍了重视过程的学校教学模式。我们是否也为了一时提高孩子的学习成绩，而妨碍了孩子智能的发展呢？这个问题值得我们好好深思。

鼓励孩子与人对话的时候要多用逻辑思考

爸爸对不爱读书的儿子说了一句话：“儿子，你那么不爱读书，长大后会娶不到漂亮女人哦！”

儿子深思熟虑后反问：“那爸爸以前也不用功吗？”

如果是别人的孩子这样回答，大人肯定会称赞他：“这孩子真聪明。”但是如果换成自己的孩子对自己这么说，父母会多么的生气啊！有时候孩子理直气壮地顶嘴，并说出自己的观点，这时通常会遭到一顿打骂，但是有时候小孩子的话却是自有一番道理的。

我们不能一味反对孩子的意见，责骂孩子，重点是要让孩子懂得适当的礼仪。在家里我们允许孩子高谈阔论，想说什么就说什

么，因为在和父母对话的过程中，孩子的逻辑思维也会得到发展。

我们可以用以下的方式来回答孩子问的各种问题。

“妈妈，Biorhythm的意思是什么？”

“嗯，Biology是生物学，Biogas是气体，Biochemistry是生物化学，Biotechnology是生物技术，那Biorhythm是什么呢？”

“是生物节奏？”

“答对了。就是指生物的周期变化。”

对于孩子提出的问题不要立刻给他正确答案，而应该通过适当的提示，帮助孩子解答，这样才能提高孩子的数理逻辑智能。

教导孩子解答难题的方法

要让数学不好的孩子对数学感兴趣，需要掌握几个诀窍。其中最简单的就是让孩子掌握解答复杂问题的方法，也就是教会孩子在解答复杂的题目之前，先学会做简单的题型。

例如这样的问题：

有一个周长为8厘米的长方形。假设长为X，宽为Y，请用算式写出这两者之间的关系。

很多孩子解答这样的问题不知道从何开始。能解出来的只有几个上过补习班的孩子。其实，要解答这个问题需要以下技巧：

1.先让孩子画一个周长为4厘米的正方形。大多数孩子很难画出符合这条件的图形，一半以上的孩子则是不知从哪里开始画。这时候，不要轻易告诉孩子答案，耐心地提示孩子。刚开始孩子可能会觉得很痛苦，但是经过提示他会渐渐理解问题的条件是什么。

2.再让孩子画一个周长为8厘米的正方形。经历了第一段的学习，很多孩子这时候已经可以轻松解答问题。

3.这次换成比较难的问题了。让孩子画一个周长为6厘米的长方形吧！通过前两个问题可以让孩子理解“周长”的概念，让孩子的思维从正方形拓宽到长方形。如果孩子在这个环节上觉得困难的话，可以重复第一个方式，再耐心提示他一下，直到孩子自己解出答案为止。

4.这次让孩子画一个周长为10厘米的长方形吧。通过前三个步骤的练习，孩子已经明白了周长与长方形长、宽的关系，所以这个问题也自然能迎刃而解了。

就这样先解决相对简单的问题，再回过头来答下一题，再难的问题孩子也能轻松解答，关键是让孩子摸索到解答的方法。对于学习数学感到吃力的孩子，用这种循序渐进的方法再适合不过了。不过这种方式必须在家人的帮助之下才能一起完成。

让孩子亲自下厨做晚餐

周末难得一家人团聚共进晚餐，何不让孩子亲自下厨做晚餐呢？首先，让孩子自己决定要做什么菜，再让他上网搜索做这道菜的方法，整理在笔记本上。这时候父母要提出一些条件，例如买菜的钱要控制在一定范围内，接着再让孩子去计划自己要做什么样的菜。

当然买菜也要让孩子自己去，回来的时候让孩子写下明细单。然后全家围在一起做菜，这是一件多么有趣的事情啊。

当然，做菜的时候一定要让孩子亲自动手。和孩子一起做菜的时候可以和孩子讨论一些关于新鲜度、有效期限、价格和数量等问题，还可以和孩子交流一下买菜和做菜的心得感想。

最后全家人一起吃孩子亲自做的菜，吃完之后父母负责洗碗整理，这样会让孩子感到无比的骄傲哦。如果父母对孩子买菜不放心的话，也可以和孩子一起去买菜、记账。

叮咛：

或许孩子上了补习班以后成绩就进步了，但是他的学习能力就是真的提高了吗？还是只学到了“得到答案的方法”呢？父母要以提高学习方法为目标，而不是以提高孩子的分数为目的。

4 如何利用数理逻辑智能去教导孩子

数学课最常利用数理逻辑智能来学习。但是数理逻辑智能并不仅仅是在数学课上发挥作用的。

大家都知道，数学课经常会用到数理逻辑智能。所以我们说，数学课大部分都会利用数理逻辑智能去思考。但是数理逻辑智能并不仅仅可以在数学课堂上发挥作用哦。在别的课堂或是生活上也往往会用到。

例如在社会课上可以学习如何有计划地花钱，语文课上学习如何总结已经拟订的事实，做出结论，甚至在生活上也可以学习如何用钱去计划自己的生活等，这些课都充分利用了数理逻辑智能。

自然课利用数理逻辑智能来推理

想让孩子理解“当压力作用在物体上时，与物体接触到的面积越小则压力就会越大”，我们可以为孩子做一些具体的提示。

提示

1. 想象一下跳水时的姿势，伸展四肢，背部或是肚子先落水，比起让手或脚先落水，身体哪个部位会比较痛呢？（背部和肚子落水时会比较痛）

2. 两个人在沙地上以一样的节奏行走，如果其中一个人穿运动鞋，而另一个人则是穿高跟鞋，哪一个人的鞋印会比较深呢？（穿高跟鞋比穿运动鞋的鞋印要深得多）

通过类似上面说的这些例子，可以帮助孩子理解作用在物体上的压力和接触面积之间的关系。如果课堂上的知识也能像这样，让孩子自己利用逻辑去推理和摸索，不但能加深孩子的记忆，也能让孩子找到寻找新知识的方法。

社会课利用数理逻辑智能来购物

“购物”也可以提高孩子的数理逻辑智能，所以也可运用在课堂上哦。不论是在社会课学到购物，还是为了烹饪课需要准备材料，学校最好不要直接提供给孩子全部的材料，而是要让他们亲自去市场购买材料。通过购物的过程，孩子们可以建立金钱的观念，学习到计划性花钱的方法。

让孩子用数字表达出生活态度

日常生活中可以给自己孩子做一个“好孩子存折”，教他们

如何用钱来计算自己一天的生活。这时候我们要和孩子商量，订下一些项目，再为每个项目订一个价格。让孩子们每天记录他们的生活，计算存折。“好孩子存折”不仅让孩子们亲近数字，还让他们在生活中学会加减法。

《购物流程》实验课

1. 每四人组成一个小组，先讨论要做什么菜，买什么材料。
2. 先计算能否在固定的金额内（例如每人200元）买到必需的材料。
3. 全班一起去购物，每个小组都要详细记录购物明细。
4. 购买时要注意材料的新鲜度、有效日期、价格和数量等，最后再去比较哪组的钱花得最合理。
5. 让孩子将剩下的钱和账本、收据等交给老师检查。

算出生活态度的"好孩子存折"举例

生活态度明细举例（参考）

存入（赚钱的情况）（+）		损失（失去金钱的情况）（−）	
生活内容	**元**	**生活内容**	**元**
帮助别人	80	欺负同伴	80
做完自己该做的事	70	把屋子弄得乱七八糟	40
学习用品全都自己准备好	70	没有完成作业	50
在课堂发表了两次以上的意见	100	吃太多零食或挑食	40
对长辈恭敬地敬礼	50	在走廊跑来跑去	60
赞美别人	50	使用不文明的话语	70

"好孩子存折"内容举例（参考）

日期	内容	存入（+）	损失（−）	余额/元
6.10	孩子在课堂发表了两次以上意见	100元		100元
	今天没吃蔬菜		40元	60元
结算				60元

第三章

语言智能影响孩子的表达能力

1. 语言智能高的孩子，未来可能是辩论家
2. 语言智能高的孩子，领悟力较强
3. 对话和书籍可以刺激孩子的语言智能
4. 如何激发孩子的语言智能

1 语言智能高的孩子，未来可能是辩论家

语言智能和孩子感受单词的发音、韵律、意义的能力有关。语言智能高的孩子比较擅长用文字来表达。

俗话说：“一字千金。”善于用言语沟通的人，他的语言智能通常比较高。语言智能指的是有关“语言”表达的能力，也就是通过说话或写字进行有效沟通的能力，而很会说话或是很会写文章的人，都是语言智能比较高的人。

语言智能与感受单字的发音、韵律、意义的能力或对语言敏捷的觉察力有关。语言智能高的孩子擅长用文字表达事物，所以他们对语言的优势通常会表现在作文课或是讨论课上。平常生活上也可以看出他们的语言智能优势，比如他们平时的对话是否有幽默感、是否喜欢玩猜单词游戏或词语接龙游戏等。

语言智能高的人善于使用丰富的词汇，所以很多人都是辩论家。此外，他们也比较擅长写文章。

有时候语言比刀剑更锋利

有一则关于林肯总统的故事。某次议会中，他被一名在野党议员指责："你是一个有两种面孔的双重人格者。"林肯反问："如果我有两种面孔，那我为什么会在这么重要的场合露出这一张脸呢?"

面临危机的时候还能找到比这句话更能证明"我不是双重人格者"的话吗?

林肯有一段时期留了络腮胡子，样子看起来挺帅的，但是他留胡子的理由可以追溯到他小学时，当时有个同学曾要他"遮住那张丑陋的脸"。就这样，林肯适当地利用自己那张很丑的脸，巧妙地击退对方的攻击。从这件事我们可以看出林肯丰富的语言智能。

语言智能高的人并不一定说话像行云流水一样，偶尔能运用短小却意味深长的单词或语句来表达，也是语言智能高的一种表现。短小而精炼的语言有时比刀剑更犀利、更具有非凡的威力。

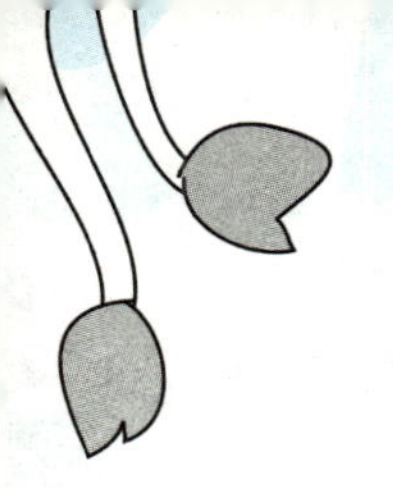

叮咛：

说话机智幽默的人、喜欢玩成语接龙游戏的人，都是语言智能比较高的人，而这样的人通常也比较擅长说话或是写文章。我们从生活琐事上就可以发现孩子这方面的强项。

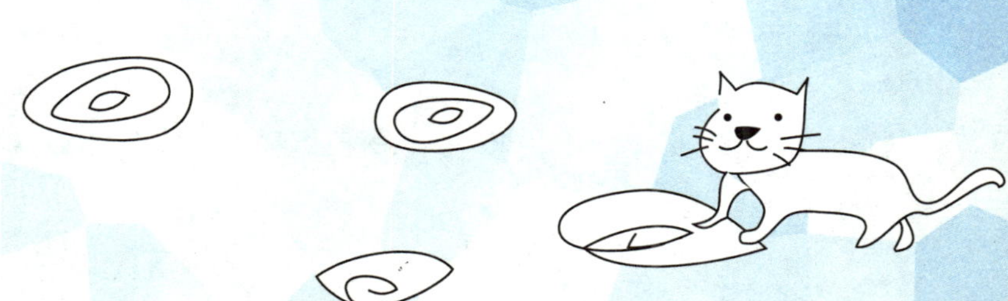

2 语言智能高的孩子，领悟力较强

语言智能高的孩子，
对语言的接受和领悟能力也较强，
他们长大后通常都擅长写作和编故事。

语言智能高的孩子从小就喜欢听故事或是编出有趣的故事，偶尔还会编出奇特的词句，让旁人惊叹不已。这些孩子善于表达自己的思想感情，所以人们都称他们“小聪明”。不管在什么地方，只要有时间，他们就会安静地读书，让别的家长们羡慕不已。

我们从多元智能的测试结果发现，语言智能高的孩子通常从小就显露出语言方面的天赋，例如有较强的语言接受领悟力，擅长编故事和写作等。

从小语言领悟能力就特别强

小学二年级时，我跟着爸妈移民到日本。起初因为听不懂日语，几乎全是用手势和老师交谈。为了我，老师也努力学习韩语。一年后的某一天，老师突然用日语跟我说：“熙珍的日语学得真快，老师都不用学韩语了。”确实，那时候我已经能和日本人自由交谈了。以前周围的人也经常说我语言领悟能力特别强。

生活中偶尔能听到或是看到周围朋友的孩子，还没满两周岁就能说一些简单的短语了。这是因为这些孩子的语言智能比一般孩子要强一些，周围的人也常常因此称赞他们是神童。由于他们很小就能跟大人自由交谈，所以有时候也会让人担心这些孩子是否太过早熟了，日后是否会影响到他们的身心健康。

孩子能编出美妙的故事

小时候，同伴们都喜欢听我讲故事。每天都缠着我讲，但我那时候知道的故事不多，因此会适当地改一下故事的内容才讲给他们听。尽管如此，同伴们还是很喜欢听。周围的人也经常说我很会编故事，由此我受到鼓励。有时候我编造出的谎言，同伴们还信以为真呢。

有句俗话是“想说谎，要聪明”，因为语言智能高的人很会编故事。

有些父母担心孩子会说谎，是否会影响到他的人格形成。但仔细分析一下，可能问题并没有那么严重。孩子们说谎是因为他们分不清现实和幻境，所以偶尔会依靠想象，编造出一些异想天开的“故事”。

要善于发挥孩子的想象力和创造性。有些时候明明知道孩子在说谎，但只要是善意的，无害的，非原则性的，那你就装作不知道吧！可如果孩子到了高年级，还为自己的利益而故意说谎，这时候我们就得采取适当措施给予纠正了。

在我小学二年级的时候，老师曾留给我们一份写诗作业，他说如果写得好，会被登在学报上。因为这是我第一次写诗，所以我就把自己能想到的全都写出来。我好像是这么写的：“一脚两脚，踩着初雪／想对雪儿说对不起／但是旁边有同伴看着／害羞得说不出来。”结果，我这首诗被登在学报上，让我更意外的是连四年级的哥哥也拜托我帮他写首诗呢。后来我也帮哥哥写了，而那首诗也同样被登在学报上。第一次写的两首诗居然都被登在学报上，那时候我真是高兴极了。

语言智能高的孩子用一封信、一首诗就能打动人心。因为语言智能指的就是把自己的思想全部透过语言媒介来表现的能力，所以需要对语言特别敏感。

语言智能高的孩子不用特意去学习技巧，也能写出非常棒的文章。因为写文章并不用靠技巧，所以我们不能把自己当成是评论家，主观地评价孩子的文章，而应该要激励孩子，写出好文章。

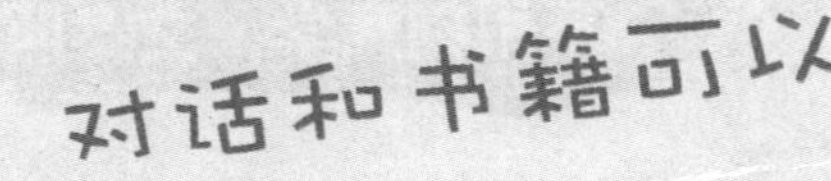

3 对话和书籍可以刺激孩子的语言智能

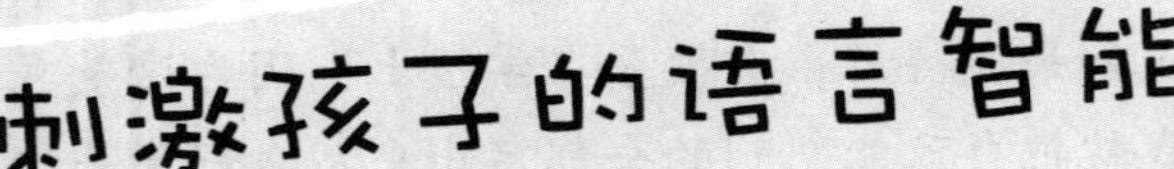

通过日常的对话、书籍或日记写作，
都可以提高孩子的语言智能。

做完多元智能测试之后，可以请孩子写一篇关于自己强项的文章，大部分孩子都以“我的强项是××”作为开头，但语言智能高的孩子一般不会这么写，他们的开头都很有个性。

有一个小孩子是这么写的：“大人们总是喜欢对我说‘你这里长得像爸爸呀，那里长得像妈妈呀……’之类的话，但是以前我无法理解为什么他们会这么说，看到今天的检查结果，我才知道强项遗传自爸爸妈妈……”

你的孩子也常为写日记而发愁吗？下面我们就来了解一下，如何提高孩子语言智能的方法吧。

妈妈的嘴要不停地工作

生活在丰富的语言环境下，孩子的语言智能会大幅度提高。所以平时要让孩子与周围的人多接触。但是现在大部分的孩子都生活在小家庭中，平时接触最多的是父母或保姆。

为了给孩子丰富的语言环境，大部分家长都选择让孩子看电视，他们认为电视不仅提供语言信息，还提供丰富的画面，没有比电视更适合孩子的了。但是很多研究结果显示，电视带给孩子的负面影响比正面影响更深远，这让依赖电视的妈妈们深感不安。

为什么电视有那么多语言信息，却无法促进孩子的智能成长呢？这是因为语言智能应该是在双方交流下，也就是在互相对话的过程中提高的。而录像带或电视的弱点在于无法与人交流，只能一味地向孩子传达语言，却无法听到孩子的心声，也不能回应孩子的话语。

如果你真的想提高孩子的语言智能，最好现在就亲自出马，因为孩子正需要你温柔地看着他，倾听他的心声。

经常讲故事给孩子听也是提高语言智能的好办法。有些妈妈自以为很聪明，常会播放录音带让孩子听童话故事，但是孩子其实很讨厌这些机械的声音，所以我们需要耐心地坐在孩子的旁边，为他们讲故事，倾听他们吐露心声。通过这些过程，不但能提高孩子的语言构思能力，也能进一步提高孩子的语言智能。

与其让孩子看五小时的电视或光盘，还不如与孩子倾心交谈5分钟，这样的亲子交流才能让孩子的语言智能更上一层楼。

看书的时候可以和孩子分配角色朗读

虽然妈妈念书给孩子听是一个很好的习惯，但是如果孩子识字以后还这么依赖妈妈，那就不太好了。如果你现在正是这种情况，那么可以试试这个方法。先在书上用荧光笔标下主角说话的部分，在你念故事的时候，只要遇到标注的地方，就改由孩子自己读；也可以用不同颜色的荧光笔标注其他人物的说话部分，然后每个人负责一个角色，有感情地读完。

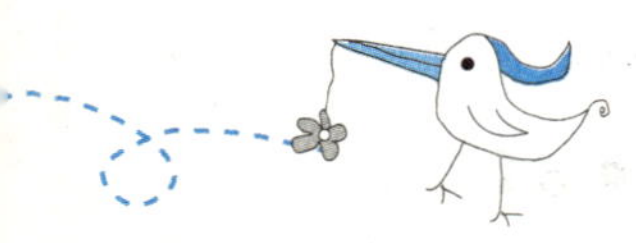

也可以偶尔互换角色，诱导孩子把全文读完，最后让自己变成乖乖听故事的“孩子”吧！托着下巴听孩子读书也无妨，最重要的是要全神贯注地聆听，这样孩子就会信心大增，也能成为在妈妈面前自豪地“讲故事的孩子”。

让孩子感受到读书的乐趣

想让孩子感受到读书的乐趣，首先要在孩子的周围放很多书。买书的时候我们要注意几点。首先，不能只按照家长的兴趣来挑选，这样的话，孩子只是听父母的话去读书，无法养成读书的习惯。父母应该帮助孩子找到读书的乐趣，这是让孩子喜欢读书的秘诀。所以买书的时候，无论如何都要尊重孩子的意见，挑选孩子感兴趣和喜欢的书籍。

父母在买书的时候，通常会选择所谓的名著或是伟人传记，但是这样片面地帮孩子选择并不好，应该尽量挑选他喜欢的类型。男孩子可能会喜欢读一些关于动植物类，或是关于棒球、足球等体育类的书籍，这样的挑选比较容易激起孩子的兴趣。

有时候让孩子自己在书店挑书，他们常常会选择自己读过的

书，家长们往往会觉得买同样的书很浪费，于是要孩子另选择其他的书。其实孩子们这么做是因为他觉得自己读过这本书了，不仅知道内容，也知道书很有趣，所以才会想再读一遍。孩子们就是这样，如果是自己喜欢的书，反复读几遍也不会感到厌倦的。

随着网络的普及，我们在家里就能搜索到很多书和部分内容，也能很方便地买到书，但是亲自去书店翻阅书籍还是别有一番乐趣的，最重要的是可以让孩子亲自感受到挑选书的乐趣。用孩子的名义办一张书店会员卡也是个好方法，这样孩子也会因此觉得非常自豪。

其次，尽量避免一次购买太多书。而已经购买的书也最好把已读过的和未读过的分门别类，这样孩子也会因为看到自己没读过的书越来越少而感到心满意足。

家长不要强迫孩子写读后感。有人说，让孩子失去读书乐趣的最好的方法就是让他写读后感。我们常常有刻板印象，认为读后感一定要用文字表达，但是我们一定要抛开这个观念，只要认真地聆听孩子读完书后的感想就好了。

家长可以用“这本书那么有趣吗”“哇！这本书里还有这样的内容啊”之类的响应来回答孩子的感想，孩子对读书的兴趣由此会变得更浓厚。最好与孩子读同一本书后再一起分享感想。对孩子来说，这种方式的分享会成为一种莫大的乐趣。

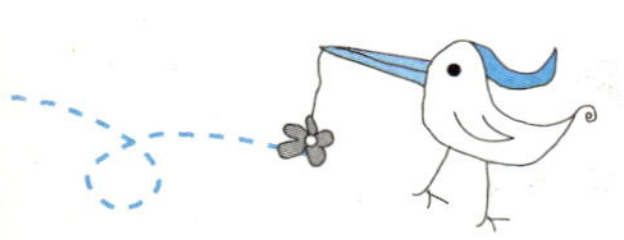

我们是否也曾一味地让孩子读书，自己却在客厅边看电视边笑个不停呢？妈妈在孩子面前表现出爱看书的模样，是让孩子喜欢读书最好的方法。

用孩子的语言和他对话

韩国男性协会有一次举办了“传达36字爱情简讯”的夫妻公益活动，其中大部分都是“我一直忘了要跟你说一句话，我爱你”这种浪漫的告白。据说很多男性在看到收到简讯后妻子的甜蜜模样时，都感到非常满足。

不管是孩子还是父母，沟通的工具都要符合时代。在以前大家还在带盒饭的时代，妈妈们常常会把信放在盒忽袋子里，写上鼓励孩子的话语。而在网络时代，妈妈们则会用发邮件、小纸条来传达他们对孩子的爱。每个时代都有符合时代的交流工具。

现代通讯技术高度发达，孩子们相当熟悉手机的各项功能，我们也可以利用手机来交流，像是用发短信的方式来传达爱的信息。“乖女儿，别忘了，累了就看一下书包，妈妈的爱和维生素片都在那里。”妈妈如此关心孩子，就算是再冷漠的孩子也不会只响应“知道了”这三个字的。

能把想法用最简短的句子表达出最深刻的意义，也是语言智能高的一种表现。就像两行诗比一本小说更打动人们的心灵一样。

教孩子写日记也要掌握要领

“今天也和昨天一样吃喝玩乐。”

“今天也玩了一天，没什么可写的。”

“明天就开学了。日记写得这么短，好对不起老师。”

当我看到这个孩子的日记时竟苦笑了半天，其实这也反映了一些值得深思的问题，“写日记”对多少孩子来说是个沉重的负担，让孩子写日记到底有没有效果，都是值得我们反思的。

为了让写日记真正发挥教育孩子的作用，需要指导孩子怎样去写好日记。我们必须注意以下几点。

不要强迫孩子去写日记，重要的是要让孩子知道，写日记其实并不是什么难事，只要回顾一下过去的经历，用文字实实在在地表现出来即可。此外，日记并不是把一天发生的所有事都记录下来，

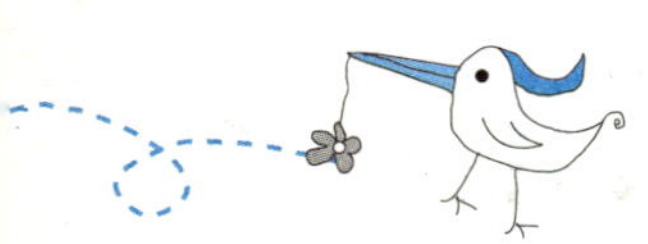

因为孩子每天的生活几乎都差不多，所以让孩子每天都写日记是一件非常痛苦的事，反而要帮助孩子寻找更丰富的写作题材，例如生活中有趣的对话、新闻、书籍、对事物的观察、旅行等。如果每天都试图去寻找更丰富的写作题材，日记就不至于单调无味了。

日记的题材越多，形式就会变得越丰富。孩子多半都会这样写日记：先总结一天的成果，再抒发感情或发表自己的意见。所以家长的工作就是要帮助孩子打破固定模式，采用更丰富多采的形式去写日记。去游乐园回来，不要再让孩子一一罗列游戏项目的名称，或一丝不苟地记录全天的日程，换一种方式吧。改由贴一些相关照片，写一首轻快的诗，甚至用漫画、书信的方式来表达感情也可以。

日记只能在晚上写吗？答案是否定的。因为我们往往认为日记是记录一天的工作，所以常常是做完工作、睡觉前才会写。但是在蹦蹦跳跳地玩了一天后，还得眯着眼睛写日记，能不让人讨厌写日记吗？所以我们必需调整孩子的时间表，避免在太晚的时候让他们写日记。

4 如何激发孩子的语言智能

语言智能在课堂中能发挥很大的作用，自然课也能充分提高孩子的语言智能。

在课堂上使用最频繁的就是语言智能，所以语言智能高的孩子往往学习成绩都会很好。

最近课堂教学流行着一股潮流，也就是老师和学生的角色互换，利用孩子丰富的语言表现力，充分挖掘孩子的语言智能。

学植物，写剧本

一说到自然课，人们立刻会联想到自然观察智能和数理逻辑智能。但是你知道吗？自然课也能利用语言智能而变得更丰富多采哦！

在小学六年级的自然课会学到一些关于植物的知识，可以让孩子在这堂课后写一篇关于植物的小剧本。

因为要想写剧本，必须正确理解教科书里的植物知识，通过这样的练习不仅能加强对学习内容的理解，也能进一步提高孩子的语言智能。

《学植物，写剧本》练习

茎：啊，好累好累。我昼夜忙着输送水和养分，所以好羡慕你们做叶子的，白天干完活，晚上就能休息了。

叶：你什么意思？要是我白天不用叶绿素制造淀粉，你能活到现在吗？你再这么说，我就不再制造养分给你了。

茎：哼！这样更好，那我也不用费尽心思地输送养分给你。

根：你们不要吵了。听一下我的解释。起码你们不像我一样埋在地底下。我每天都在地下工作，一生都见不到太阳。最近还是旱季，都吸收不到水分呢。

茎、叶：反正我们是不会妥协的。

（几天后，根、茎、叶都快枯干了）

太阳：孩子们，你们都怎么了？我不是给你们阳光了吗？是因为不下雨吗？可是，前几天不是下过雨吗？

茎：是因为叶子不工作。

叶：是因为根不工作。

根：是因为茎不工作。

太阳：孩子们！植物的根、茎、叶要一起工作才能活下去哦！根通过茎把土里的养分输送到植物的各部分，然后在叶子的帮助下生产淀粉，植物才能生长。如果像你们这样，谁都不工作，就只有死路一条了。

茎、叶、根：啊？原来如此。我们努力工作吧，加油！

第四章

空间智能培养孩子的艺术细胞

1. 空间智能高的孩子，可能是未来的艺术家
2. 爱画画的孩子会用画来表达想法
3. 不要忽略孩子随手的涂鸦
4. 如何激发孩子的空间智能

1 空间智能高的孩子，可能是未来的艺术家

空间智能是对视觉和空间的感受力，对色彩、线条、样式和空间的敏锐察觉力。

你有没有发现，有些人同样的路就算走过好几次也还是找不到方向，但是有些人只要去过一次就可以牢牢记住；有时候看起来很不搭调的两件衣服，有些人却可以把它配得很好看，人们通常称这种人为很会搭配的人，其实他们就是属于“空间智能高”的人。

空间智能指的是能够正确感知视觉和空间的能力，以及将这些视觉和空间加以运用和搭配的能力，包括对色彩、线条、样式和空间等多种关系之间的知觉，甚至还包括把抽象的东西具体化的视觉能力，把视觉和空间性的想象表现为几何学意义的能力。

空间智能高的孩子天生具有艺术天赋

你是否曾经收到过包装得很漂亮的礼物，里面的东西或许不昂贵，但是精致的包装却足以让你感动，甚至有时候包装费比礼物本身的价格看起来更贵呢。

最近我发现很多消费者宁愿多花一点钱来买更漂亮的东西，因此很多企业大力投资提高产品的外包装设计水平，特别是近年来推出的用品实用功能都差不多，所以重点就在于开发独特而且精致的包装上。很多设计师开始竭尽所能努力增加商品的美感价值，借此吸引消费者的青睐，而这些设计师的身价也一路攀升。

根据神经科学的理论，“空间智能”与人类大脑的右半部，以及视觉能力有着密切的关连，所以空间智能高的人当中，有很多都是伟大的艺术家，据说雕刻家亨利·摩尔[1]（Henry Ludwell

Moore）能够随心所欲地塑像，无论物品大小，他只要看一面就知道另一面的模样。

空间智能高的人不仅在艺术方面有很高的造诣，创造能力也非常突出。据说发明家特斯拉不用拆开机器，也能对里面的零件了如指掌。他曾经说过，发明是把心中想象出的设计图现实化的过程。

空间智能高的人就是具有这种把看不到的东西由无形化为有形的魔力，而这种魔力通常表现在他们的艺术创作上。因为和其他的智能相比，空间智能显现出来的时间会比较晚，所以不能强迫孩子发展空间智能。

发展空间智能需要拥有创造力

我们看到与实物一模一样的画的时候，会赞叹说："真像是照片一样。"看到色彩和角度都很优美的照片也会说："简直就像是一幅画。"其实不论是像照片一样生动，还是像绘画一样艺术，这些全都与空间智能有密切的关系。

一些有自闭的孩子画出像照片一样生动的画，受到全世界的瞩目。据说，有一个自闭的孩子每天上完课都会搭出租车去美术治疗

中心，最让人们惊奇的是，这个小孩一到治疗中心，就会画出刚才车上司机的驾照。因为来美术中心时，他都会坐在副驾驶座上，并目不转睛地盯着驾照，因此一到美术治疗中心，就把所看到的一一用画面表现出来。他不但可以记下名字，连身份证号码也可以记得一清二楚。

不过这个孩子所谓的空间智能，只能说是一种“技能”，因为这种技能还没有得到创造力的熏陶。加德纳博士曾经提出一种理论是“为了孩子的将来要准备的五种能力w”，其中一项就是创造力，而且和其他七种智能一样，都是孩子未来事业成功的重要因素。我们必须深思一下，孩子能够画出像照片一样生动的画面到底是单纯的描摹，还是具有创造力的空间智能。

---

❶亨利·摩尔

亨利·摩尔（1898～1986年）英国雕塑家，以大型铸铜雕塑和大理石雕塑闻名。受到英国艺术圈的推崇，他的创作让英国在现代主义艺术中拥有了一席之地。

2 爱画画的孩子会

用画来表达想法

空间智能高的孩子不但擅长
绘画图表、地图等，
而且还喜欢自己设计并制作手工艺品。

空间智能高的孩子擅长把自己看到、想象的东西利用图表、地图等形式加以表现，而且也喜欢设计并制作手工艺品等视觉效果比较突出的游戏。专心于画图的孩子，看童话书喜欢看图案的孩子，以及可以把东西摆放整齐而且好看的孩子，都可以说是空间智能高的孩子。

空间智能不像语言智能、数理逻辑智能或肢体运动智能那样，在日常生活中就容易显露出来，所以我们要关注孩子生活中的点点滴滴，连他们的涂鸦也不能轻易放过。

孩子的方向感特别好

我小学二年级的时候，在春季旅游回来的途中和一位同学一起迷路了。同学一直在路上哇哇大哭，后来我看着旁边的路标就找到路回家了。从小就有很多人夸我方向感很好呢。

空间智能高的孩子只要看着夜空中的星星就能判断出方向，在茫茫大海可以用星星来判断方向，选择正确的道路，这也是属于空间智能。空间智能高的孩子能用周围的物体当作参考物，确定自己的方位，判断要前往的方向。

善于配颜色也是一种能力

我们班同学都叫我"Best dresser",常常问我的衣服是不是妈妈买给我的,其实我一直都是自己挑衣服的。周围的人也常说,明明看起来很不谐调的颜色,不知道为什么我穿起来就特别好看。其实我在配衣服的时候通常会考虑颜色的搭配,偶尔也会用一些小东西点缀。我长大以后的志愿就是要当一位著名的设计师。

空间智能高的孩子可能从小就很会搭配颜色,穿衣服也很时尚,这种能力在美术课上也能展现,因为空间智能高的孩子的图画确实比一般孩子要醒目得多。

偶尔网络上会刊登一些类似"最没品味的穿着艺人"为题目的文章,这些文章的旁边一般都会穿插一些所谓穿衣服很不协调的艺人的照片。那些服装师搭配的衣服确实与一般人的搭配方式相差很大,有时候我们也会怀疑这些服装师们的眼光是不是太烂了,但是如果仔细欣赏,你可能会发现有些看起来很另类的衣服,却意外地协调。

这种现象是不是说明大部分空间智能低的人,根本无法和服装师有一样的眼光?所以过去受到人们指责或是排斥的时装,可能在几年后才普遍被接受,变得流行,这是因为服装设计师们都拥有非凡的空间智能。

空间智能高的孩子喜欢画画

老师常常用我画的心智图[1]（mind map）为同学们讲解。我在心智图上画了很多小东西，老师常常夸我这些小图案非常有趣、漂亮；同学们也说我画的心智图好看易懂呢。我自己也很喜欢利用心智图学习。

空间智能高的孩子喜欢用画画来表达自己的想法。所以，看童话书的时候也很喜欢看里面的插图，有时候还能根据插图编出一段美妙的故事呢。我们教孩子数学题的时候，也可以试着用画图的方法来表达，这样更容易帮助孩子解决问题哦。

---

❶心智图

又称脑图、思维导图、灵感触发图、概念地图或思维地图，是一种利用图像式思考辅助工具来表达思维的工具（可参考本书P95）。

3 不要忽略孩子随手的涂鸦

经常看地图找路有助于提高空间智能，
玩拼图游戏或自制画册
也有助于提高空间智能。

早先人们都是以打猎为生，所以身体运动智能高的人自然就成为社会的强者。后来社会经历了工业化和电子技术化，数理逻辑智能高的人一下子受到人们的推崇和景仰。

曾经有段时间，艺术工作者忽然受到人们的喜爱和欢迎，但是后来人们感到经济生活压力加重了，没有太多时间过闲暇的生活。

但是时代变了，未来的社会将会越来越重视美学和艺术，所以空间智能显得很重要。

和孩子一起看地图吧

三年前我开的是手动挡的车，大家只要一看到我的车，反应都是：“到现在还开手动挡的车啊？”但是我的车子换成自动挡没多久，又有人提出新的问题：“车里有没有导航系统啊？”

或许有些情况下真的很需要导航系统，但是一直到现在，我还是执意使用地图。因为我认为旅行或是去不太熟悉的地方，只要提前上网搜索地图就行了；如果使用导航系统，也会一不注意就错过了导航系统所发出的声音，为了避免这种情况发生，还不如事前看好地图，专心地开车。

特别是与孩子一起出门的时候，父母还是放弃导航系统吧。最好是出门前先和孩子一起搜索地图，然后让孩子来为你指路。或许第一次孩子会觉得有点困难，无法把地图和实际道路对应起来。但我们要相信加德纳博士所说的“提供适当的刺激，智能就可以得到开发”的理论。所以，虽然可能会多花一些时间，但是我们还是要

放心地让孩子来导航，这样可以有效地提高孩子的空间智能。

坐火车旅行的时候，地图也是必备品。在旅途中让孩子在地图上标记每一个路过的车站，也能提高孩子的空间智能。

穿衣打扮也属于空间智能

大部分小学低年级的孩子都是穿着妈妈买来的衣服去上学。偶尔他们也会拒绝妈妈买来的衣服，但不是因为不好看，而是因为觉得穿起来很不自在。

随着孩子渐渐长大，他们也开始想追求时尚了。在父母眼里很幼稚的衣服对孩子来说却觉得很好看，而且执意要买，这种行为可以说是孩子迈出美学眼光培养的第一步，所以这时候，**父母们千万不要把自己的审美观点强加于孩子身上。**

到高中为止都还是必须一直穿着校服，所以一进入大学，我就不知道该怎么搭配衣服了。现在回想起来，那时候穿的还真是难看透顶。我还记得那时候听人说春天很流行粉红色，特别是对大一新生来说，所以还特地到南大门市场费尽心思买了一件粉红色T恤，还配上绿裙、黑袜、古铜色小包，总之是各种颜色乱七八糟地配在一起，真是无法理解我当时为什么会那样穿。

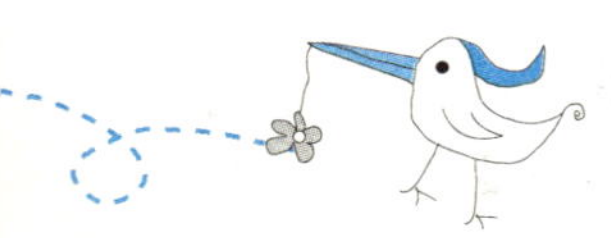

穿衣打扮是需要练习的。除了要看场合之外，还要搭配适合的鞋子与小包，这些搭配看似简单，却是一门很费心思的功课。要达到完美的搭配，不免会经历一些小小的错误。如果孩子开始变得爱漂亮，那么就把它当成孩子步入完美搭配的第一阶段吧。所以就算父母认为孩子选择了不好看的衣服，也应该保持沉默，如果孩子选择了好看的衣服，记得要大力夸赞哦。

父母的观点未必就是正确的，所以父母们必需从客观的角度，观察孩子的一举一动。穿衣打扮也是属于空间智能的一种。

全家人一起动手制作拼图

全家人一起动手玩拼图可以培养孩子的空间智能。可以利用市面上买到的拼图，但最好是和孩子一起动手做个拼图，这对于提高孩子的空间智能更有帮助。不仅如此，拼图的图案大多都非常可爱，可以根据孩子的能力调整拼图的数目，这样更能引起孩子的兴趣。

学习《制作拼图》

（1）准备好看的照片或图片。

（2）如果照片和图片不是很厚，可以在后面贴一张厚纸板。

（3）在背面用铅笔画出拼图，拼图的数目可以根据具体情况设计。

（4）用剪刀剪拼图。

（5）全家人围在一起玩拼图游戏。

也可以利用指纹画画

和孩子一起制作画册能提高他的空间智能。制作的时候，孩子感到最吃力的可能是画人物这部分。因为书本、书包等实物都是静止的，所以只要多练习，孩子就可以很容易地画出来。但是人的表情变化多端，动作也是各式各样，所以孩子不免会感到有些吃力。

制作画册的时候，利用指纹画画也是提高孩子空间智能的有效方法。在手指上蘸一下红色印泥，按出一个指纹当作脸，再用黑色油性笔画出丰富的表情以及表现动作的手脚。利用指纹画出的表情

和动作，能表现出人的一些特性，很有意思。

（1）预先准备的东西：红色印泥、黑色油性笔、图画纸、纸巾。

（2）画画方法：在手指上蘸一下红色印泥，按出一个指纹表示脸，再用黑色油性笔划出丰富的表情和表现动作的手和脚就可以了。

4 如何激发孩子的空间智能

孩子们喜欢用图画或色彩表达自己的想法，
而不是只靠语言。
在教学过程中可以利用图画来激发他的空间智能。

最近在课堂上，我试着所有课程都利用画图来教学，如用剪纸或其他方式来教孩子。和以往截然不同的是，老师们现在不会一味地想教给孩子们知识，强制性地要求他们写笔记了。

我也用大型显示屏幕代替黑板，立体而炫目的画面刺激了孩子们的好奇心。他们通过这些画面各自建立了不同的知识体系。

在教学过程中利用画图来教学可以说是充分利用空间智能。现在孩子们更喜欢用图画或色彩来表达自己的想法，而不是只用语言。这种学习方式有个优点，就是父母们能亲眼看到孩子的学习过程，画图不像单纯的语言教学那样抽象，更具有实践性。

例如心中有个地图，把思路明确地理解整理出来，这种方法就叫做“心智图”。心智图的用途很广泛，如课前预习、课后复习等，还有像写读后感或写论文前需要整理思路，整理书的内容或想要表达自己的思想时，全都可以用到心智图。使用心智图整理思路可以表达出想法，有助于记忆学习内容，理解整体和部分之间的关系。

（1）先画出中心图案

在纸张中心写出与主题有关的象征性词语，或画一幅画。为了强调主题，使用3～4种颜色。为了让孩子充分发挥想象力，不用限制他画出的图片大小尺寸。

（2）画主干

与主题直接有关连的为主干。如果以内容的性质分类，把最大类的单词写在主干上。

（3）枝干

与主干联系在一起，表现出具体内容。

（4）枝条

与枝干联系，自由有趣地表现出详细内容。为了强调作用，可以配合多种颜色、图画、记号和符号来制作。

画图有助于提高空间智能

空间智能高的孩子在做数学题的时候往往会用到画图法。例如要解决下面的问题："秀珍家的果园里有1/2种的是梨树，剩下的1/3种的是柿子树。现在，要在剩下的地里种葡萄，葡萄在整个果园的比例是多少呢？"

梨树	柿子树
	葡萄
	葡萄

用空间智能解答数学题是因为孩子亲自动手画出形象的图，所以能充分理解问题的所在。另外，我们还可以在别的课程里利用空间智能。例如语文课让孩子用画图表达读后感，自然课则制作关于**真涡虫**[1]等生物的小画册等。大部分的人一谈到画图，第一个想到的是美术课，但其实我们可以在其他课程中利用画图，不仅能开发孩子的空间智能，还能提高学习效率。

---

[1] **真涡虫**

无脊椎动物，扁形动物门，涡虫纲，三肠目。

叮咛：

空间智能不只和画画有关，搭配衣服和颜色等，都属于空间智能的一部分。还有，旅行的时候让孩子规划行程或是学着看地图，这都是提高他空间智能的方法。

第五章

音乐智能可以提高孩子的专注力

1. 音乐智能高的孩子对声音反应敏感
2. 音乐智能的天赋从小就会显露
3. 多听几种声音可以唤醒孩子的音乐智能
4. 将音乐智能运用在其他的课程上

1 音乐智能高的孩子

对声音反应敏感

说到音乐智能大家都只会联想到音乐。
音乐智能其实不只是指音乐，
和许多声音都有关系。

有些孩子进入小学前就能把九九乘法表背得很熟，所以有的妈妈就断定这个孩子的数理逻辑智能很高。我们无法否认九九乘法表和数学有关，但是这种能力并不一定就是数理逻辑智能。其实孩子的这种能力比较接近于需要正确节奏性的音乐智能。

音乐智能是指个人感受、辨别、记忆、表达音乐的能力，表现个人对节奏、音调、音色和旋律的敏感性。加德纳博士以小提琴演奏家耶胡迪·曼纽因（Yehudi Menuhin）[1]为例来阐释音乐智能。曼纽因3岁时就和父母一起前往美国旧金山观看管弦乐音乐会。在音乐会上路易斯·帕辛格（Louis Persinger）美妙绝伦的小提琴演奏，深深地打动了小曼纽因，因此他向父母要了一把小提琴作为生日礼物，并且要帕辛格做他的老师。后来他这两个愿望都实现了，13岁时曼纽因已经成为世界知名的小提琴家了。

像曼纽因这样音乐智能非凡的人，不仅对音调、节奏、震动等音乐世界很敏感，甚至对人的声音等语言形式的声音以及非语言形式的声音也很敏感。例如仅仅听到脚步声就能判断出是谁，可以说他是音乐智能非凡的人。

音乐智能高的人也善于掌握和聆听各种音乐形式，不但能区别出不同的音乐类型，还能把它转换成其他的音乐形式。所谓的音乐智能不只是指单纯的旋律或节奏，而是涵盖了各种声音的风格，所以人们又把这种能力称为“听觉——震动性的智能”（auditory-vibrational intelligence）。

音乐智能可以刺激其他智能的发育

"如果神要取走你的眼睛或耳朵其中一个，你会选择放弃什么呢？"很多人遇到这个问题都会选择耳朵。因为人们认为听不到比看不到要好受一些。但是根据看不到和听不到两者对智能发育的影响研究结果显示，由于听不到会妨碍语言智能的发育，所以这种障碍会进一步发展成智能残疾。

即使看不到眼前的世界，但是如果能听到，就能联想出很多美好的东西，进一步看到更广阔的世界。像灵魂乐天才雷·查尔斯[2]、黑人灵魂音乐传奇大师史提夫·汪达[3]等这样的视觉障碍者里，有很多人都是音乐智能非凡的人，这说明视觉上的障碍反而促进了听觉的发育，进一步提高了音乐智能。

虽然说音乐智能和听觉有关，但是也有很多失聪的人表现出较高的音乐智能。英国著名打击乐手葛莱妮（Evelyn Glennie）[4]虽然失聪了，但她能用手和脚感受音乐，并能使用50多种打击乐器打击出美妙的声音，从雨滴声到雷鸣声，无所不会。即使听不到自己演奏的声音，但她却能把脚和手指全部的神经都动员起来感知音乐。这样可以看做是利用身体运动智能刺激音乐智能。

偶尔让孩子闭上眼睛，沉浸在各种声音的世界里吧！这样也许可以刺激提高孩子的音乐智能。

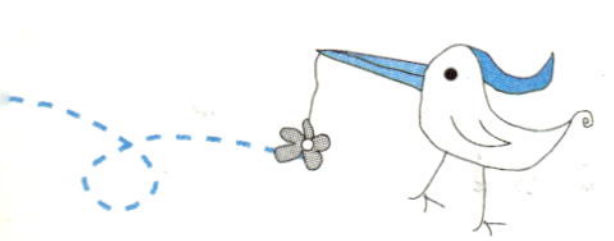

❶耶胡迪·曼纽因（Yehudi Menuhin，1916～1999年）

美国犹太裔小提琴家，也是一位指挥家，13岁时在柏林交响乐团伴奏下演奏了巴赫E大调小提琴协奏曲、勃拉姆斯D大调小提琴协奏曲和贝多芬小提琴协奏曲；当晚爱因斯坦赞叹："我现在才知道，天上果然有上帝。"从此曼纽因名声大噪，周游世界演奏。

❷雷·查尔斯（Ray Charles，1931～2004年）

美国乐坛国宝级人物，7岁就双目失明，曾赢得12座葛莱美奖，荣登摇滚名人堂。他擅长的音乐类型广泛，包括福音歌曲、蓝调、灵魂乐、爵士乐以及摇滚乐等。雷·查尔斯于2004年6月10日因肝病恶化与世长辞，享年73岁。

❸史提夫·汪达（Stevie Wonder，1950年出生）

美国黑人盲人知名歌手，被誉为流行音乐史上最多产的艺人。史提夫·汪达的音乐横跨灵魂乐、节奏蓝调（R&B）、摇滚乐等，是教父级人物。他不只在音乐上拥有杰出的表现，更致力于维护人权和平运动。

❸葛莱妮（Evelyn Glennie）

第一位知名的打击乐独奏家。生于苏格兰，从小学习打击乐和定音鼓，1982年进入英国皇家音乐学院，主修打击乐和钢琴，经常在全球各地与许多知名的指挥家及乐团合作演出，获得热烈的反响，是年轻又出色的天才打击乐手，拥有完美的音乐性和技巧。

2 音乐智能的天赋从小就会显露

音乐智能在孩子幼年时期就显露出来。
仔细观察孩子对声音的反应，
也许能挖掘出孩子对音乐的天赋。

以刚出生的宝宝作为研究目标，我做了一项实验。放一段他自己胎动的声音给正在嚎啕大哭的宝宝听，结果大部分的宝宝都会安静下来，而且嘴角还露出微笑，慢慢地入睡。这是因为宝宝回想起在母亲子宫里所听到的声音，所以不安的心会自然而然地平静下来。

随着听觉的发育，孩子的音乐智能也开始慢慢萌发。音乐智能是所有智能中最早开始发育的。音乐教父莫扎特[1]也是，他从小时候就表现出对音乐非凡的天赋，他4岁就开始作曲，五岁就在维也纳为皇族演奏曲目了。

与空间智能不同的是，我们在生活中很容易发觉孩子对音乐的潜质。所以平时要多多注意孩子对声音的反应，在适当的时候挖掘出孩子的潜质，这是培养孩子音乐智能的最佳方法。

有些孩子在背东西的时候喜欢用唱歌的方式背诵，有些孩子平常喜欢哼唱歌曲，有些孩子则说心情不好的时候放首歌心情就会变好。这样的孩子都是属于音乐智能比较高的孩子。

从我很小的时候开始，我就非常喜欢听楼下姐姐弹琴的声音。我现在还记得，每当我哭泣时，只要一听到这个声音就不哭了，心情也会变得好起来。听说后来每当我哭泣时，妈妈就会让我听那个钢琴声。我现在之所以沉醉于欣赏音乐，也许都是妈妈的功劳吧。

有的孩子就算听到再好听的音乐也没有任何反应，但有些孩子即使听到很小的声音，也能有敏感的反应。对音乐反应很敏感的孩子，他们通常都能很容易地分辨出喜欢和讨厌的音乐，听到喜欢的音乐会有积极反应，甚至还会因为听到不同的音乐而变化自己的感情。

唱歌好的孩子比较擅长背诵

家里有客人来的时候，大人们就会叫我唱歌给他们听。因为我很会模仿歌星唱歌。虽然跳舞跳得不是很好，但是唱起歌来，身体就会不知不觉摇起来。一般的歌曲只要多听几次，我就会跟着唱了。

虽然我背诵的能力不算好，但是歌词只要听几次就能记得一清二楚。可能是因为用唱歌的方式比较好记吧。不好背的东西，一旦编成歌曲就很容易记住了。

有些孩子在背诵文章时一向都背不好，但是一般歌曲只要听几次就能跟着唱，甚至还能准确地背出歌词，而且在学习的时候也会把要背的文章编成歌曲来帮助记忆。这些都是音乐智能高的孩子。

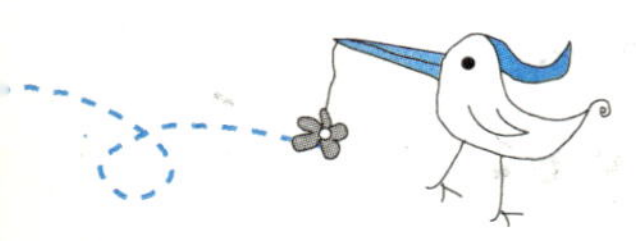

音乐智能高的孩子不但歌唱得好听，配上旋律唱的歌词也能背得很好，所以学习效果会比较明显。重要的是，我们要提供给孩子适合的音乐，还有他可以尽情歌唱的环境。

孩子演奏乐器的能力非凡

我没有正式学过钢琴，但是在旁边看过几次同学学钢琴，然后自己再练，没想到竟然比同学弹得好，同学还因此被妈妈训了一顿呢。一般的歌曲我只要听几次，即使没有乐谱，我也能弹出来。我喜欢边唱歌边弹琴。

有些孩子对音乐的领悟能力特别强。不论是钢琴、笛子、口琴还是吉他，只要教几次他就能演奏得有模有样了。这些孩子演奏乐器的实力确实让人惊叹。

演奏乐器虽然需要利用手指或嘴唇等身体部位，但是音感是更重要的。而这些音乐智能高的孩子就算不常练习也能比其他孩子表现得好。但是千万不要一味地

要求孩子演奏，这样反而会让孩子对乐器产生反感。父母需要耐心等待，等待孩子自己对乐器产生兴趣。

---

❶莫扎特（Wolfgang Amadeus Mozart，1756年～1791年）

音乐神童莫扎特生于奥地利，与海顿、贝多芬并称为维也纳古典乐派三大作曲家。从小就展现了他的音乐天赋，8岁时就写出了第一首交响曲。他的父亲发觉他不但具有音乐才华，甚至是世上少见的音乐天才，于是全力让他接受最完善的音乐教育，同时带至各地宣传。所以莫扎特在音乐上的成就，除了天赋之外，父亲也是最重要的帮手。

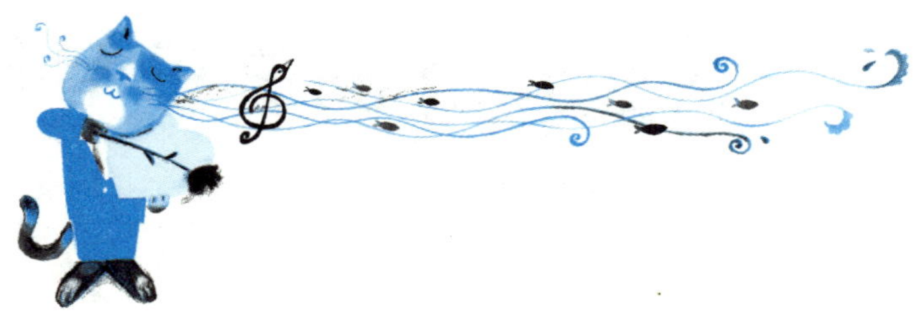

叮咛：

音乐和节奏不只是可以用来陶冶孩子的性情、培养他的强项。如果把文章编成好记的旋律，还能帮助孩子背诵呢！所以音乐智能高的孩子，学习效果也会比较明显。

3 多听几种声音可以唤醒孩子的音乐智能

想提高孩子的音乐智能就要给孩子听各种声音。可以带孩子去大自然感受美妙的声音世界。

曾经听到一位朋友发自内心地说：“只要听到黑人灵魂乐歌手史提夫·汪达的《You & I》，全身就会像触电般，不由自主地流下眼泪。”

史提夫·汪达在妈妈的肚子里不满十个月就出生了，他生下来就失去了视力。他是个贫穷的黑人，再加上身体残疾，这注定他的人生充满了阴影。但是小学时却发生了一件改变他命运的事。

有一天教室里突然出现一只老鼠，同学们都吓得跳到桌子上，老师也为了抓老鼠而捏了一把冷汗。老鼠窜来窜去，一会儿从这里窜出来，钻进孔里，一会儿又从那里窜出来，谁都没办法找到老鼠的位置。这时候史提夫·汪达利用自己非凡的听觉，准确地找出老鼠所在的位置。

后来老师不但加以鼓励并称赞他说："你拥有别人没有的惊人听觉。"从此史提夫·汪达有了自信，通过不断努力让自己拥有绝对的音感，最后终于成就了属于自己的音乐世界。

让孩子多听各种声音吧

为了提高孩子的音乐智能，让孩子听各种音乐是很重要的。

让孩子聆听植物萌动的声音

在韩国每个月都会有相应的朝鲜语名称。其中三月为"萌动的月"，表示漫山遍野的植物发芽；而四月是"嫩芽的月"，表示刚萌发的草木长出嫩芽。"萌动"在韩国用语上是非常新鲜的单词，

植物发芽的时候真的会发出声音吗？还是这只是想象中的用语呢？

我看过很多孩子去森林体验大自然。他们跟着森林解说的老师用听诊器倾听大树萌动的声音，孩子们听到这种声音都会兴奋不已，从听诊器中听到的声音就像是水管中有水往上升的声音。

如果把听诊器贴在人的胸口听，就会听到心脏跳动的声音，就像打雷声一样。我们也可以通过听诊器倾听平时听不到的声音。听诊器是让我们进入另一个世界的有用道具。所以送孩子听诊器当作玩具，听诊器是一个很好的教学用具。

让孩子听见大自然的声音

通常要孩子写一首关于“海”的诗时，出现最频繁的单词可能就是“刷刷”声吧。在孩子的脑海里，浪涛的声音就是“刷刷”的声音。而鸡叫总是“咕咕”声，狗叫则是“汪汪”声，不知不觉间养成了这种根深蒂固的观念。但是如果放一段浪涛的声音给孩子听，然后让孩子自己去模拟出拟声词，孩子在写诗时，可能会写出各种浪涛声哦！这是因为每个孩子对声音的感受度都不同，所以也能写出不同的拟声词。

让孩子练习念Rap

最近很流行用Rap来和孩子交流，是比较好的表达方式。当孩

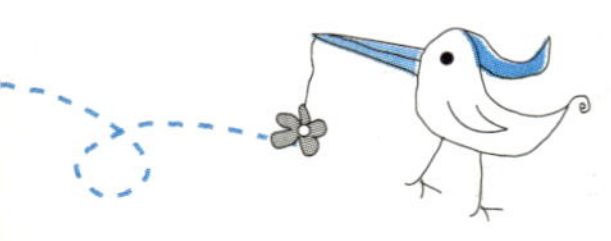

子唱Rap的水平达到某种程度之后，就可以用Rap来自由表达自己的意愿了。我们可以边唱Rap边和孩子对话，这样不但能吸引孩子的注意力，还能提高孩子的音乐智能。背诵文章时也可以利用唱Rap的方法来记忆，效果很好哦。

和孩子一起参观声音体验博物馆

带孩子参观可以体验声音的博物馆吧，这种体验可以刺激孩子音乐智能的成长。

真音（Chamsori）博物馆

如果有机会到韩国江陵，一定要带孩子去参观真音（Chamsori）博物馆。1992年开放的真音博物馆，内藏有馆长孙成木40多年来从世界60多个国家搜集来的1400多种唱机、15万张唱片、8000多个关于音乐的数据，是世界上规模最大的音响博物馆。在这里，我们可以亲眼目睹到声音的历史。此外，馆里还设有爱迪生发明馆，陈列的唱机比美国华盛顿的还多呢。

济州岛声音博物馆

韩国济州岛也有个声音博物馆，在那里可以体会到声音不仅能用耳朵听，还可以用眼睛看，用身体接触，带给人感动。你可以亲自演奏或体验关于声音的多种展示品哦！这个博物馆与传统博物馆的差异在于不仅能吸引广大孩子的兴趣，还可以提高孩子的音乐智能。除此之外，声音博物馆的另一特点在于，这里有着世界最大规模的贝壳模型，这个贝壳模型是用200多种、5万余个甲壳类和贝壳组成的，也只有在济州岛声音博物馆才能看到。

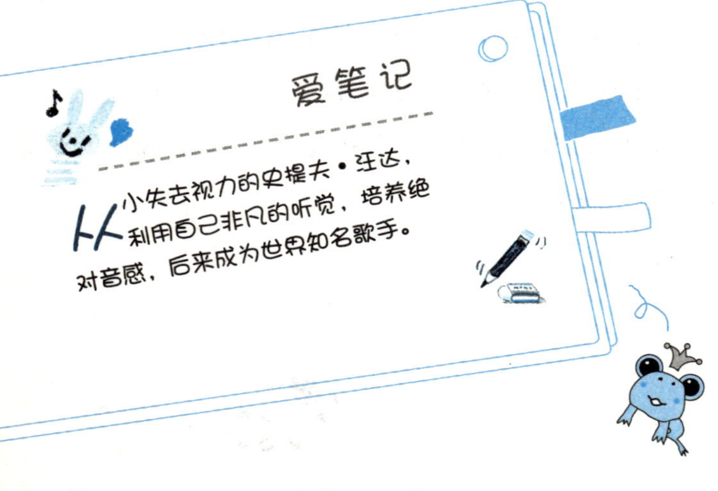

叮咛：

可以让孩子多接近大自然，倾听不同的声音，如森林的声音、小树发芽的声音，或是昆虫、狗狗、浪涛的声音等，都能刺激孩子对声音的不同感受，提高他的音乐智能和表达声音的能力。

4 将音乐智能运用在其他的课程上

音乐智能有助于提高孩子的注意力。
在文章中加入适当的旋律和节奏
则有助于提高孩子的背诵能力。

“耳朵要竖起来，眼睛要闪闪发亮，听同学说话的时候，不要忘了看着对方的眼睛哦……”

我们把这句话加上一些简单的韵律，孩子们就会自然而然地乖乖坐着观看同学表演。音乐智能对于提高孩子的注意力相当有帮助。不但如此，只要加入适当的旋律和节奏，还有助于孩子的背诵呢。老师在教室里播放音乐不但可以使上课气氛更好，而且也可以帮助孩子整理思路，让孩子们变得沉着、冷静。

音乐可以引导孩子对自然科学的兴趣

看起来和音乐智能毫无关系的自然课，其实也可以运用音乐智能来学习，例如可以利用歌词来引导孩子思考科学概念。

白天出来的半月是白色的月亮
难道是太阳公公丢弃的葫芦吗
弯着腰的老奶奶去挑水的时候
把它系在奶奶裙子上该有多好

白天出来的半月是白色的月亮
难道是太阳公公丢弃的鞋子吗
婴儿咿咿呀呀地学走路的时候
把它穿在婴儿的脚上该有多好
——《白天出来的半月》

一般人都认为月亮只有在晚上才能看到，但这首歌为什么说白天是出半月呢？我们可以利用孩子的这种好奇心，引导他们学习月亮升起的时间。

因为弦月都是白天就从东边升起，一到夜晚就看不见了。但是半月是在白天升起，到夜晚也吊在半空中，所以相对来说，能看到的时间比较长。至于圆月呢，是太阳下山以后才从东边升起的，所以整晚都能看见。因此，孩子们由“白天出来的半月”这个歌词就可以学到半月是在白天升起的。

山上吹的风是凉爽的风
那种风是善良的，我要感谢它
夏天农夫辛勤砍柴的时候
它擦拭了农夫的汗水……
——《山上的风，江边的风》

我们可以借着这首歌词来为孩子们讲述关于山风和谷风的原理。白天山峰受热较多，温度升高较快，气压比山谷低，因热空气上升的原理，风会从山谷吹向山峰，称之为“谷风”。而晚上山峰降温较快，气压较山谷高，冷空气下降，所以风由山峰吹向山谷，称之为“山风”。从歌词内容来看，很容易就能判断农夫在山上所吹到的风是谷风。

文字也可以使用音乐来表达

如果要让孩子描写关于大海的文章，可以先让他听听海鸥或是浪涛的声音，使他能够联想到大海的声音。这时候老师或是家长别忘了，要让孩子听听具体而真实的声音哦。

同样，你也可以让孩子听鸡叫或是狗吠声，孩子就能创造出很多有趣的词语。最重要的是，要先让孩子听见生动的大自然的声音，再让他们自由发挥。

“听见小溪流淌的声音了吗？听见雨滴声了吗？像不像在和我们说话呢？”通过这样的提示能让孩子更容易理解声音的世界。

此外，想要表达文字或是文章的思想和感情，可以通过演奏乐器来呈现。例如，击鼓声表示有危险了，缓慢的笛音代表平静。总之，呈现的方法有很多种。

叮咛：

音乐智能不只是和音乐的演奏有关，对节奏和声音敏感的孩子，他的数理逻辑能力也可能比较好，如背诵九九表会比较容易等。还有如使用手、脚来感知音乐，也可以提高他的身体运动智能。

第六章

身体运动智能让孩子表达自己的思想

1. 身体运动智能高的孩子用身体说话
2. 区分孩子的好动和身体运动智能的差别
3. 陪孩子一起训练身体运动智能
4. 提升孩子身体运动智能的方法

1 身体运动智能高的孩子用身体说话

身体运动智能可以表现在运动、手工制作、表演等领域里。

在韩国，经常能看到关于影星朴智成、Rain的新闻。韩剧《冬季恋歌》的裴勇俊也一直都有着超高人气，网络搜寻排行上总是榜上有名。我们可以说，这些人都是以非凡的身体运动智能而成名的。

利用自己的身体去表现某种思想感情的能力，或是用自己的双手制作东西或改变物体形状的能力，都称之为身体运动智能。**身体运动智能主要表现在运动、手工制作、表演等领域。加德纳博士主张每个人都具有调节自身的运动、平衡、敏捷性和态度的能力**。但是关于身体运动智能的理论，学术界目前还是争论不休，因为每个学者对身体运动智能的表现方式所持的看法和立场有所不同。

学者们普遍把身体运动智能定义为："不但是指以运动等为目的行为，还包括为了达到表现目的而巧妙使用身体与操作的事物"。所以我们可以把身体运动智能区分为"运动力"和"具有表现力的活动"两大类型。"运动力"指的是体育或是其他身体活动能力良好，而"具有表现力的活动"则是指能巧妙使用双手或能很好地利用身体表现情感。

身体运动智能表现出多种特性

在2006年德国世界杯中身价最高的足球选手是罗纳尔多（Ronaldo）[1]，他曾连续三年获得"世界足球先生"的称号，是足球技术高超的巴西"桑巴足球"领导者。在现实生活中的罗纳尔多

也非常多才多艺，他跳桑巴舞和演奏乐器的实力，很多人评为已经超越业余水平。**看起来毫无牵连的桑巴舞和足球，其实都和身体运动智能有关。**

身体运动智能高的人擅长用动作来表现自己的思想或感情。因此，不论是学习舞蹈还是体操，他们都学得非常快，甚至连话剧也能表演得很棒。

此外，身体运动智能高的人通常手也非常灵巧，比如在学习开车、骑自行车、溜冰时都比一般人快得多，有的人连爬树都很厉害呢！这是因为他们的身体平衡能力和触觉比一般人要发达得多的缘故。

---

❶罗纳尔多（Ronaldo，1976年出生）

著名的巴西足球运动员，位置是前锋，曾三度当选为“世界足球先生”，为巴西夺得两次世界杯冠军。无论在俱乐部还是在国家队，他同样都能够发挥出色的球技，为球队夺得胜利。

叮咛：

　　身体运动智能不只是和体育有关，只要用身体可以表达的项目，都是属于智能的一部分，像表演、手工制作、舞蹈、话剧等，都是属于身体运动智能。

2 区分孩子的好动和身体运动智能的差别

要详细区分好动症状和身体运动智能高的孩子的差别。

比同龄孩子更能精巧地剪东西，或是很会系鞋带、扎蝴蝶结，或是能好好地跟着做体操、喜欢演戏或玩木偶剧的孩子，都可以称为“身体运动智能高”的孩子。但是，不能因此就把好动的孩子和身体运动智能高的孩子混为一谈。

“注意力不足多动症”（ADHD），这种症状和身体运动智能高的孩子的行为之间有很大的差异。我们要把看待孩子的焦点放在“孩子是如何动的”，而不是“他动得多不多”上，这样才能找到孩子潜藏的身体运动智能。

擅长做精巧手工的孩子

我现在正在学折纸。爸爸妈妈说我折得很好看，随便放在一旁有点可惜，所以帮我做了一个作品架，每当我完成一个作品后就可以陈列在架上。我以后会更加努力地发挥我的强项。

身体运动智能高的孩子通常手都很灵巧。有些孩子平时做事看起来很马虎，但是一旦做起手工，他就会格外地认真，可以说这些孩子都是身体运动智能高的人。

人们如果看到擅长做细致手工艺的孩子，通常就会断定他们的个性是很认真的。但是手巧往往不是由性格决定的，而是和身体运动智能有关。

从小反应力就特别敏捷

小时候有一次我差点掉进瀑布下的水潭里，幸好我反应快，一把抓住旁边的石头和树枝，好不容易才爬上去。周围的朋友常说，如果是别人早就摔死了，幸亏我运动神经很发达。

在学校和同伴玩躲避球时，我总是能坚持到最后。因为扔过来的球，我都能躲开，所以同伴分组玩球的时候，都很愿意和我一组，因为我真的很会玩球哦。

如果你的孩子总是因为好动而惹出许多麻烦，你不必太着急和烦恼，因为身体运动智能高的孩子虽然因为好动常会制造一些危险的状况，但是他们一到紧要关头就会有敏捷的反应而避开危险。

我是和哥哥一起学骑自行车的，但是我不但比哥哥先学会，而且还比哥哥骑得更快、更稳。我很喜欢和全家人一起骑车出去玩。

有时候看着那些在小区玩轮滑飞来飞去的孩子们，还真担心他们会不会出事呢。每个孩子的平衡感都不一样，所以有些孩子学骑自行车、玩轮滑的过程都很顺利，但是有些孩子天生就没有天赋，他会抓着爸爸的手不肯撒手，甚至最后会无可奈何地放弃。一个人很会玩轮滑或是骑自行车，是他身体运动智能高的表现之一。

3 陪孩子一起训练

身体运动智能

培养孩子对运动的兴趣会提高他的智能，但如果急于达到目的，孩子反而会失去信心和兴趣。

以小学生作为研究目标所进行的一项问卷调查显示，小学生最感兴趣的学校课程是体育课。我们在生活中也经常看到学校里的孩子为了准备表演节目，毫不在意地占用一节数学课。如果有一天因为下雨而不能上体育课的话，过后他们一定会要求老师补课。

孩子们对身体运动如此感兴趣，自然而然就能培养出身体运动智能。但是如果太急于达到发展智能的目标，而把焦点放在求胜利上面，反而会让孩子失去信心，再也不想运动了。

使用缝纫机对孩子是特别的体验

最近许多小学的课程里都加上了使用缝纫机的内容。让孩子亲自用缝纫机做窗帘、桌布来装置房间，或是做靠垫等东西送给亲朋好友，或制作出具有特别价值的手工艺品，孩子们在这个过程中体验到成功的快乐。

但事实上大部分学校都局限在理论教学上，只展示缝纫机给孩子们看，或是播放录像带来教他们如何使用缝纫机等。这样做的理由很简单。一是购买实习用的缝纫机的资金有限，而且也没有实习场所。二是担心孩子的安全，毕竟使用缝纫机有一定的危险性。虽然加上这个课程的初衷非常好，但是现实生活中并没有办法实现它。

既然在学校不能使用缝纫机，那么父母们就在家里为孩子提供使用缝纫机的机会吧。因为**缝纫机是提高孩子身体运动智能的有力助手哦！**如果妈妈还不会使用缝纫机，可以借这个机会和孩子一起学习，这样岂不是一举两得吗？

和孩子一起骑自行车出发吧

有时候看到那些骑着自行车飞驰在马路上的孩子们，真是感到胆战心惊。对孩子们来说，交通安全意识的教育还不够，很多孩子根本不知道什么时候能过马路，要如何过马路。所以，孩子们只好凭着自己的经验穿梭于车水马龙中。

如果你决定要教孩子学自行车了，就不要只是害怕孩子会发生事故，而是应该先教会孩子遵守交通规则。对于越是害怕的东西，妈妈们越要鼓起勇气，帮助孩子渡过难关，这可是当妈妈的义务。

有一次我在网络上搜索旅游信息时，看到一篇很有意思的旅游感想文章，是一名学生写下的在日本为期十天的自行车旅行经过。

自行车旅行是只有积极向上的人才可以享受的特权。不论是遇到坏天气，还是陡峭的山坡、酷暑时，我都深深体会到有一种力量让我们克服困难，这力量就是积极向上的力量。我们必须用积极的态度面对困难。遇到阴天的时候要想着“很快就会出太阳”，遇到上坡的时候要想到“很快就会有下坡了”，这种积极的态度让我们能够克服种种困难。如果我们心中有一点点消极的想法，这旅行会是多么痛苦啊，甚至有可能妨碍下次旅行呢。

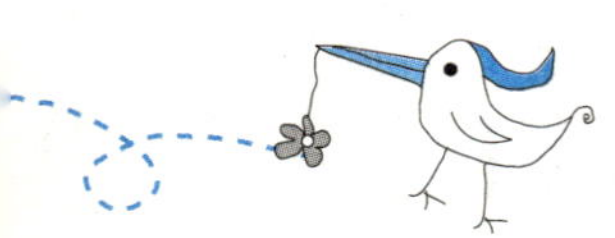

自行车旅行是勇往直前的旅行。在你骑自行车的时候谁也无法帮你，你只有卖力地踏脚踏板，你使多大劲自行车就前进多少。没有人会强迫你骑，你可以按照自己的意愿去选择道路，但你必须是负责任地努力往前骑，这就是自行车的旅行。

在网络上搜寻关于自行车旅行的网站的时候，就更进一步感受到自行车旅行带来的魅力，而且**骑自行车是一项能让人们感受到更广阔世界的运动。如果你想培养孩子独立自主能力，就必须教导孩子骑自行车，况且学自行车的同时，孩子的身体运动智能也会快速提升。**

在家里和孩子一起玩沙包

玩沙包是孩子最喜欢的运动之一。通常大家都以为玩沙包一定要有足够的空间和人数，所以平常在家不会和孩子一起玩。其实在家里也可以用简单的方法来和孩子进行互动。

首先选择比较宽的场所，例如客厅、院子，并且在选择的场所正中间放一个盆子，在盆子的四周放1～5张分数卡片。把分数最低的卡片放在离盆子最近的地方，而离得最远的地方就放上分数高的卡片。其次把人员分成两组并定好先后顺序，站在自己选择的分数卡片上往盆里丢沙包。只要将沙包丢进盆里就可以拿走卡片，如果丢不进就不算分数。一直进行到卡片都被拿走为止，最后统计各组的分数定输赢。

假日或是和亲朋好友聚会时都可以玩这个游戏。分组的时候最好不是以家庭分组，而是将不同家庭的成员混合组成小组，这样更具有娱乐的目的，而不是单纯的家庭之间的比赛。

玩沙包可以锻炼孩子身体运动的准确性。在家里和孩子一起玩这种游戏时，孩子也可以理解距离和力度之间的关系，适当锻炼他调节身体的能力。

和家人一起玩挑花线和屋内旅行

以前因为没有什么特别的玩具，所以一到下雨天兄弟姐妹们就会聚在一起玩挑花线[1]。但是最近各式各样的玩具让孩子们眼花缭乱，很少能看见两个孩子面对面坐着挑花线的情景了。

挑花线可以刺激孩子手的细微动作，提升孩子身体运动智能。爸爸和妈妈可以先示范给孩子看，然后再和孩子一起玩。如果父母忘了挑花线的方法，可以上网搜索一下，一定会有很多介绍挑花线的技巧的信息，不必担心。

不妨试着和孩子一起玩屋内旅行。首先，蒙上孩子的眼睛，让他伸出双臂，想象自己是一辆汽车，其次妈妈把双手搭在孩子的肩膀上，将自己想象成是控制这辆汽车的司机。

孩子感觉到妈妈手指的细微动作后，就可以发出汽车嘟嘟的声音，照着妈妈提示的方向走动。需要向右转的时候，妈妈可以在右手稍加施力，提示孩子方向。玩了一段时间之后，孩子和妈妈可以互换角色，让孩子也当一次小司机吧。

如果孩子因为身高原因无法把双手搭在妈妈的肩膀上时，可以让孩子用手抓住妈妈的腰，用同样的方法提示方向就可以了。如果有两个孩子，则可以让爸爸和大孩子组成一组，妈妈和较小的孩子组成一组进行比赛。通过这种方法让孩子在狭窄的屋子里漫游，不

但可以达到运动的目的，还可以增进孩子对父母的信任感。

❶挑花线

一种韩国传统游戏，只需要一条细绳就可以玩。两名玩者中的一人将细绳绑在手上，另一人用手指挑出不同的图案。除了现成的花纹外，幼儿还可以通过自己的想象和思考，创造出更多的图案。有点像以前小朋友用橡皮筋玩的翻花绳游戏。

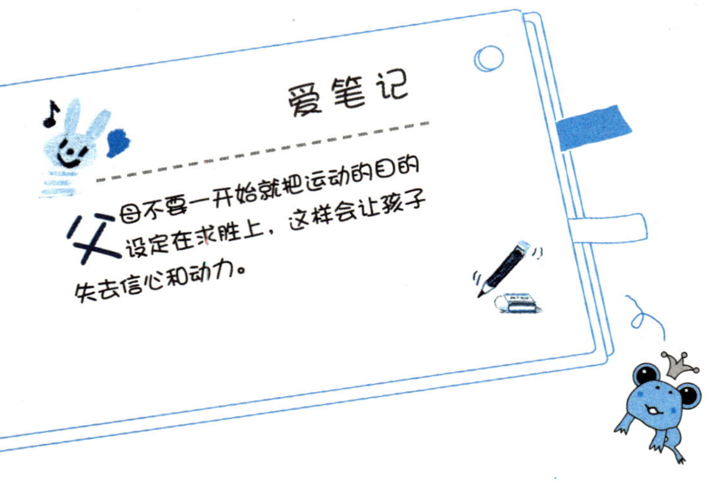

叮咛：

身体运动智能高的人擅长用动作来表达他的感情和思想。而且手部灵巧的人，他们学习自行车、溜冰等都会比一般人快，平衡感特别好。父母可以从游戏中发现孩子身体运动智能的高低。

4 提升孩子身体运动智能的方法

将运动和其他课程结合时，不但可以集中孩子的注意力，而且还能提高其身体运动智能。

韩国的小学、初中、高中每堂课的时间分别是40分钟、45分钟、50分钟，之所以会有这样不同的时间安排，是因为每个年龄层的孩子集中注意力的程度有所不同。

事实上，对小学一年级的孩子来说，40分钟有点太长了。这个年龄层的孩子可以一动也不动地坐在椅子上专心听讲的时间其实不到10分钟。因为孩子们会不断地想动来动去，所以老师光靠讲课要维持40分钟几乎是不可能的。

不妨利用孩子这种爱动的习性，把它同教学课堂做有机的连接，将身体运动有效地和课堂教学结合起来，这样不但能集中孩子的注意力，还能提高孩子的身体运动智能哦。

利用身体的游戏培养孩子的智能

身体的游戏因为没有形式上的限制，可以用身体自由表达某种概念或是知识，所以很容易应用在现实生活中。例如，上自然课时可以玩食物链游戏，理解关于生物圈的知识。首先，让孩子们摆出苍蝇飞行一样的姿势，学着苍蝇飞行的模样在教室里走动。然后，两个人猜拳，赢的那个孩子可以进化成青蛙，继续学青蛙的模样蹦跳走动。两个变成青蛙的孩子再进行猜拳，赢的人可以进化为蛇，输的则重新变成苍蝇。以此类推，进化的顺序是“苍蝇→青蛙→蛇→老鹰→人类”。

和身体运动毫无关系的音乐课也可以利用身体运动智能来教学。在教室地板上用较厚的胶布画出五线谱，然后让孩子们成为一

个个的音符，在五线谱上边跳边唱。上语文课时，老师还可以制作大的文字卡，让孩子们在卡片上面排成文字。上美术课时，则可以在大水壶里装满水，在运动场上洒水画画。这样，孩子们就能在游戏和活动四肢的过程中，不断学会新的东西。

在课堂上让孩子亲自动手制作或是组装，也能提高他的身体运动智能。例如，利用围棋讨论人口问题，利用玩具或是道具去理解加减乘除的运算法则等，都可以在课堂上灵活运用。

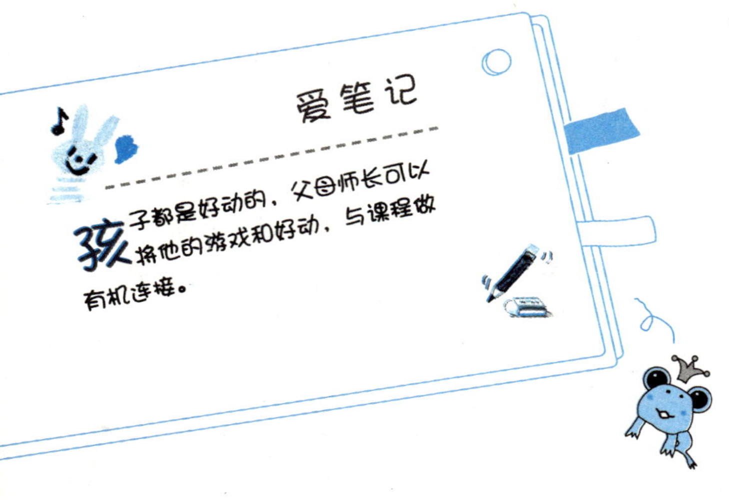

第七章

人际交往智能高的孩子，未来比较容易成功

1. 人际交往智能高的孩子具有同理心
2. 让孩子人缘好，有特别的秘诀
3. 孩子的个性和人际交往智能无关
4. 如何提高孩子的人际交往智能

1 人际交往智能高的孩子具有同理心

人际交往智能指的是一个人与他人交流的能力，也就是能够理解并体贴他人感受和意图的能力。

人际交往智能是指与他人交流时，能理解他人心思和行动的能力，也就是能体贴并了解他人的心情、意图、动机和感情的能力。除了这些，还包括能读懂他人表情、听懂他人语外音、体态等所表示的意义，并且具有看懂对方心情、感情和意图的眼力，还要会察言观色等。人际交往智能高的人擅长交友，在社会关系图（sociogram）中也居于中央位置。**社会上如一些政治家、领导者和修道者大多是属于人际交往智能高的人。**

恶魔和修道者的人际关系智能的差异性

有一天，一个媚惑人心的恶魔走过一片沙漠，这时候他看见其他恶魔正在折磨一个受人敬仰的修道者。有的恶魔变成美女来诱惑他，有的则化成可怕的模样来吓唬他，但是修道者始终无动于衷。看到这种情景后，恶魔好奇地去和其他恶魔说："这种方法未免太幼稚了吧？我去试试看。"然后，恶魔就走到修道者的旁边，说了一句话，修道者的脸色马上变了。其实恶魔对修道人说的是："你知道吗？听说你的朋友已经成为主教了。"

这个故事说明"嫉妒"是人的本性。以这个故事当作例子来探讨人际交往智能，可以说"恶魔的人际交往智能高，修道者的人际交往智能低。"

人际交往智能是一种能读懂对方心境，并对此采取适当措施的能力。恶魔之所以能够达到目标，是因为他看穿了修道者的本性，而修道者会被恶魔打败，也是因为他把心里的想法毫无保留地显露在脸上的缘故。

修道者知道嫉妒是和他的个人内省智能有关，而他感到嫉妒却不能掩藏好自己的态度，这和人际交往智能有关哦。

不要小看人际交往智能的影响力

有一个小学四年级男生的父母对我说，他们很担心孩子，因为不久前孩子生日时，他们为孩子准备了丰盛的晚餐来招待孩子的同学，结果孩子的朋友竟然只来了一个，而就是那个到家里做客的孩子，也只是吃了几口饭，摸了几下玩具后就表示要赶回去补习匆匆离开了。不过，比这情况更糟糕的是，孩子竟然毫不在意。

孩子曾经提到选班长时，他也只得到一票，那一票还是他自己投的。对此，孩子若无其事地说："想当班长要住在某某小区。大家只选和自己住在同一小区的同学，像我这样独自住在这个区是没人选的。"

孩子的父母和我说，最让他们头痛的是，孩子竟然把自己没有朋友的理由合理

化，觉得这很理所当然。

“只知道念书有什么用？朋友之间的关系也要处理好才是聪明的孩子。”幸好还是有很多父母很注意孩子的人际关系。有的母亲认为，孩子只要会念书就好了。但是如果仅仅是成绩好，而人际交往智能低，等孩子长大以后就后悔莫及了。因为家长忽视了孩子的人际交往智能会带给孩子一生莫大的影响。

有句话说：想要在社会立足，业务能力占30%，而人际关系却占70%。**这句话也就是说：与成功有关的智能占30%，而人际交往智能高达70%。**

2 让孩子人缘好，有特别的秘诀

有的孩子说话做事特别讨人喜欢，
这类孩子从小就显露出人际交往智能的优势。

孩子不具备有独立生存的能力，所以他们会出于本能地试图博得周围大人们的喜爱。即使是长得不好看的孩子，他身上散发出的童趣和童真，往往让大人们感觉他依然很可爱。

有些孩子就算长得不漂亮，却也能让周围的人们感到很快乐和舒服。其实，这些孩子从小就显露出人际交往智能上的优势。那些不怕生的孩子、能让出自己喜欢的东西的孩子、与初次见面的人能够口若悬河的孩子、能领悟别人心思的孩子、别人向他诉苦时能够给予安慰的孩子，都可以称为“人际交往智能高”的孩子。

不怕生的孩子比较讨人喜爱

妈妈说，我小时候在邻居家的时间，比在自己家里的时间还长呢。那时候村里的大人们都特别喜欢我，我算是在他们身边长大的。而且不管是谁来抱我，我都是笑嘻嘻的，所以他们还给我取了“笑嘻嘻”这个外号。

有的孩子特别怕生，让父母很头痛，但是有些孩子不管是跟谁在一起，都能相处得很好。很多人认为不怕生的孩子是因为个性外向，但仔细想一想，其中的原因并不只是和个性有关，而是因为外向的个性让孩子人际交往智能提高了。

从小就人缘很好的孩子

我从小就很会与人沟通。幼儿园老师最疼我了，亲戚们也都很宠我。去商店买东西的时候，我也能感觉到人们都很喜欢我。去餐厅吃饭的时候，大家都常说我很懂礼貌，也很懂事，所以会给我好吃的零食。我很喜欢与人相处。虽然我已经转学三年了，但还是有很多以前的同学说很想念我。

人际交往智能高的孩子之所以人缘很好，不仅因为他们品行善良，更因为他们懂得自己如何做事、说话来讨周围人的喜爱。

陌生的环境也能适应得很好

有一次和妈妈逛商场时不小心走丢了。我不知道该怎么办，于是问路过的阿姨，那位阿姨把我带到广播室。妈妈听到广播后就慌慌张张地来接我，当看到我正和在那里的其他小朋友一起玩时，她终于放心了。妈妈说，我不管处在什么环境中都能很自在。

很多孩子见到陌生人或是自己孤单一个人时都会感到害怕。但是人际交往智能高的孩子反而比较沉着，因为这些孩子拥有和陌生人自由交流的能力，所以适应环境的能力也比较强。

叮咛：

不要轻视人际关系可能会带给孩子的影响力，好的人缘通常都是未来成功的关键。所以从小就要注意孩子是不是拥有真心的好朋友哦。

3 孩子的个性和人际交往智能无关

人生下来就注定必须与他人相处。
与他人交流的机会越多，
人际交往智能也就越高。

美国卡耐基梅隆大学以在社会成功的一万名人士为研究对象，调查他们成功的秘诀后，结果令人大吃一惊。这些人中只有15%的人把自己的成功归于大脑、技术和努力，其余85%的人都认为自己的成功是因为人际关系处理得当。拿破仑·希尔（Napoleon Hill）❶也说过："学会与人沟通让事业成功的概率在95%以上，而且99%

会享有家庭幸福。”

英语单词里的“idiot”是指白痴，源自于希腊语的“自己活着的人”。人类注定与他人相处，所以与他人交流的机会越多，人际交往智能也会越有提高。最近有一种流行的NQ（network quotient，共存指数），其实也和人际交往智能有关。

个性是否外向和人际关系无关

大部分人把会做生意的人和人际交往智能高、个性外向的人混为一谈，而且认为，爱说话、容易与人亲近，和初次见面的人也能很快成为朋友的人才算是人际交往智能高。

其实一个话不多、一旦了解对方的心思就很容易相处的人，也算是人际交往智能高的人哦！也可以说，性格和智能是没有关系的。

我们周围有很多人虽然很会交朋友，但是却总是和朋友吵架，这是因为即使他们个性外向，但是人际交往智能却很低的缘故。孩子也一样。有些孩子虽然很喜欢交朋友，却没有人陪他玩；有些孩子常会不小心惹对方生气了，因此而失去交朋友的机会。对于这些

孩子，我们有必要教导他们一些“交朋友的技巧”。最近有很多咨询机关、福利机关利用集体咨询的方式来教导孩子交朋友的技巧，这些都是可以学习的。

孩子没有朋友不是因为性格内向

人的性格大致分为外向和内向两种。性格外向的人善于与人交流，相反，性格内向者却喜欢自己静静地待着。所以很多人认为，性格外向的人朋友比较多，而性格内向的人朋友较少。

但是，朋友的多寡和亲密程度不是取决于性格外向或是内向的。因为我们周围也有很多人性格虽然外向，却缺乏与朋友交流的技巧，经常和朋友吵架，因此没有特别亲密的朋友。相反，有些人的性格虽然很内向，却因为很懂礼貌而且待人诚恳、谦让、包容，所以有很多朋友。**因此在人际交往过程中，重要的不是性格，而是人际交往的智能。**

父母们不要再以“我家孩子的性格很内向，很难交朋友”这样的借口来维护孩子了。先检验一下自己的孩子在与朋友交流时有没有困难吧。例如，孩子是不是有不了解朋友的心情，在朋友面前过

度坚持己见，当着朋友的面说他的缺点之类的行为。这些行为都不取决于孩子的性格，而是取决于孩子懂不懂得与朋友沟通的技巧。我们不能把性格内向看成是不健康的心理特点，内向并不属于自闭。

在学校，老师必须了解孩子之间的关系到底如何。如果孩子不知道该怎样亲近同学，总是独自行动，老师有必要提供帮助。因为教室是一个能让孩子们很自然地结为同伴的场所。例如，老师可以让住处相同或是性格相似的人结为同伴。总之方法有很多。

父母师长必须做孩子的榜样

下面是我去插花博览会的时候，在电梯上听到的一个家庭的对话。

姐姐：（大声叫嚷）你烦不烦啊？为什么一到外面就吵着要回家呢？

弟弟：（也是大声叫嚷）你总是带我来这么无聊的地方，我能不烦吗？换成让你去机器人博览会之类的地方，你不也是不喜欢吗？

妈妈：（与两个孩子一样大嗓门）你们俩天天嚷什么嚷？小声点不行吗？不知道在公众场所要轻声细语吗？

当然，在现实生活中，有很多妈妈会比这位妈妈说话更有教养。记得有一天，我母亲突然病危被送进医院，那天熬夜护理母亲之后，早上在医院餐厅里简单吃了一些东西。我前面坐着一位大约30岁的妈妈，那时候她正对她的孩子温柔地说话："这个也吃一口，嗯……对，要耐心地嚼一嚼，真乖。"这时候她的丈夫忽然来电话了，没想到她却突然大声叫嚷："怎么还不来？光打电话有什么用？不来？现在吃早餐。好什么好？昨天一夜都没睡。"接着就挂了电话，转头又用天使般的声音对孩子说："是爸爸，他说马上就来。"如果孩子总是看到这种情景，就算妈妈假装得再温柔，还是有可能学习到粗暴哦。

老师召开家长会的时候，只要听到家长说几句话就会知道这是谁的父母了，完全不用家长做自我介绍。因为孩子是看着家长的一举一动长大的，说话方式都会和父母一模一样。与上面举的例子类似，老师有时候也应看着班长的行为来反省自己啊。如果这个班的班长有时候以整顿秩序的名义，使劲地敲打铃铛；有时候利用特权，在黑板上用"正"字来记录惹是生非的孩子；有时候大声地叫"安静！安静"；有时候则用鄙视的眼光看着同学，上述这些行为，都是模仿自班老师的哦！

父母在家里是如何当孩子榜样的呢？观察孩子们玩过家家的游戏时就能知道。例如，平时妻子叫醒丈夫的方法、家长责备孩子的

方法等，都会在游戏中一一显露出来。

你是否和邻居聊天的时候说过别人的坏话？是否曾蛮横或无礼地对待过别人？是否天天责怪孩子这个做得不对那个做得不好？开车被警察检查时，是否大喊大叫？**父母们有必要审视一下自己的行为，也就是说，不要只责怪孩子总爱跟同学闹别扭，先纠正自己，努力成为孩子的好榜样吧！**

让孩子养成微笑的习惯

在这个社会，笑容是不可缺少的宝贝。我有一个朋友，虽然性格不是很好，但是周围的人都很喜欢他。我想，最重要的秘诀就是他那具有杀伤力的笑容，任何人看到他的笑容都会不由得对他产生信任感，觉得他是个好人。

那位朋友曾说自己以前的性格真是糟透了，天天绷着一张脸，像谁欠了我的钱似的，多亏现在调整了心态，并且努力练习微笑，使性格变了不少。然后他向我介绍了下面这段文字。

> 我公司有一面微笑镜（smile mirror）：每个人都有一面贴着自己名字的镜子，打电话的时候都会看着它，微笑着与顾客对

话。多亏这面镜子，我们公司职员在外都留下了良好的印象。微笑不是为了他人，更是为了自己。

要想拥有笑容，就像上面所说的，不妨对着镜子看自己说话的表情来练习微笑吧！笑容能让我们与他人沟通无阻，更可以塑造积极人生，还能提高人际交往智能。父母们行动吧！与孩子一起练习微笑，让孩子从小就养成微笑的习惯。

和父母一起生活可以提高人际交往智能

有一对夫妇前来向我咨询，说他们小学一年级的孩子好像有自闭倾向。妈妈讲述着孩子的情况时，坐在旁边的孩子竟然毫不在意周围人对他的议论，只是喃喃自语，想玩什么就玩什么。

刚开始，我也认为这孩子有点自闭倾向，但是经过沟通之后，我发现其实他是个非常特别的孩子，不但能够条理清晰地阐释自己的见解，并且个人立场非常鲜明。所以我反问他妈妈为什么认为孩子有自闭倾向。

“孩子经常这样自言自语，而且说话时也不和人对视，总是看着别的地方。就算刚开始说话时与人对视，很快就会将视线转移。”

听这位妈妈说，这孩子天生有点斜视，但是现在几乎完全治愈。通过与孩子长时间的交流，我发现他的判断能力很强，注意力也非常好，除了自言自语的习惯外，没有其他特别的障碍，应该能很好地适应学校生活。

“孩子天生就把二看成三，怎么能把视线集中在一个地方呢？我想，孩子不会与人对视可能是出于斜视的关系。不过，幸好现在快治好了，不用太担心，很快就能纠正了。当孩子自言自语的时候，妈妈可以试着站在他的立场与他沟通，这样也许会让他慢慢喜欢与他人沟通。”

听了这些话以后，这位母亲才坦白说因为她自己身为全职主妇的关系，总觉得生活过得比朋友们差，所以孩子还小的时候，她就不管孩子，重新回学校念书。因为平常时间不够，所以只能利用和孩子在一起的时间全力以赴地准备考试。但是不管后来考试结果如何，她已经失去最重要的东西——“孩子的心灵”了。这位妈妈之所以会把孩子自言自语的习惯当成自闭倾

向，其中一个原因可能是出于为自己没有对孩子尽到责任内疚而找的借口吧。

韩国近年社会小家庭越来越多，全职主妇却越来越少了。越来越多的孩子失去与父母相处的时间。这时候能弥补妈妈这个空缺最好的方法，就是和祖父母等长辈一起生活。孩子在这种热闹的环境下生活，人际交往智能也会逐渐提高。

告诉孩子规则的重要性

就像人际交往过程中必须遵守规则一样，玩游戏的时候也要遵守规则。通过和孩子一起玩游戏，可以告诉孩子遵守规则是多么重

要的事。如果孩子只想着输赢，总是犯规，千万不要只是一味气急败坏地责备孩子，而是要确切告诉他遵守规则的人是受欢迎的人。

（1）准备的东西：报纸和圆珠笔

（2）方法：每个人发一份报纸。最先找出主持人提示的短语或句子的人获胜。例如，主持人提示的短语如果是“快乐的星期天”，只要从报纸上找出这六个字，按顺序标上记号就行了。短语的内容可以多样，也可以用祖先或亲戚的姓名为出题内容，也是很好的方法，这样可以让孩子更容易记住这些人。

（3）规则：只能在自己的报纸上找，不能埋怨自己的报纸没有出题内容。

挑战纪录的游戏

（1）准备的东西：火柴、筷子、空罐、豆子。

（2）方法：掷火柴——用手扔火柴，谁扔得最远，谁就是赢家。

掷筷子——很简单的游戏，在空花盆或罐里投掷筷子即可，看谁投得最准确。

捡豆子——在固定的时间内用筷子夹豆子放进杯子里。谁夹得越多，谁就是赢家。

（3）规则：游戏前，全家人事先商议好投掷的姿势、距离等游戏规则。要明确制定规则，计算结果也要准确。特别是玩捡豆子游戏，要严格遵守时间。

翻硬币的游戏

（1）准备的东西：硬币若干个

（2）方法：分成两组（父母和子女等），两组先决定要硬币的哪一面，翻硬币时哪面出现得最多，代表这面的小组就是赢家。硬币最好准备多一点，可以增加乐趣。

（3）规则：不能妨碍对方小组翻硬币，而且要在规定的时间内翻完，超过时间则视为无效。

---

❶拿破仑·希尔（Napoleon Hill，1883～1969年）

美国知名激励大师。著作《Think and Grow Rich》同时是坊间最畅销的激励书籍，发行之初即以26种文字，在至少34个国家出版，全球销量超过10亿册，发行至今总销售量仅次于圣经。其设立的基金会宗旨在于传承其领导、自我激励和个人成就的哲学理念。

4 如何提高孩子的人际交往智能

可以在学校开展一系列和人际交往智能有关的活动。为了提高效果，老师要精心设计一些场景。

韩国近年有越来越多的父母不送孩子到学校就学，反而在家实行有计划性的自学。父母们在对于能让孩子自由自在地自学感到满足的同时，却也在为孩子交不到朋友而苦恼。

孩子们在学校不仅能学习知识，还可以在课余时间与放学后彼此交流，自然而然地提高了人际交往智能。因为学校所展开的一系列活动，都会利用人际交往智能。为了提高教学效果，老师有必要参与孩子们的活动。

让孩子分成学习小组

为了提高孩子的人际交往智能，老师可以和孩子们一起学习，并且有条件地让一起学习的范围超越单纯的“小团体”。在熟悉基础知识的情况下，动员所有小组成员的积极性，让他们一起学习，共同成功。

让孩子自己为小组取名，这种情形多半都会由声音洪亮或是班里比较活跃的孩子来完成。所以，规定小组成员积极参与各种讨论是很重要的，只有聚集每位成员的意见，才能发动所有成员的积极性。

替小组取名字的实习课

（1）发给每个小组成员每人一张白纸，事先在每张白纸上标上数字，例如有四个成员，就发四张白纸，每张白纸上依次标上数字1、2、3、4。

（2）小组成员轮流发表意见或建议，包括自己喜欢的东西，自己的个性等内容。这时，若成员的说法符合其他成员的想法，就把人数相加，把内容写在标有相应数字的白纸上。例如，第一个孩子说喜欢“骑自行车”，另外两个孩子也喜欢“骑自行车”时，就在标有3的白纸上写上“骑自行车”。

（3）如果下一个孩子说喜欢吃“黄瓜”，但其他孩子都不喜欢吃黄瓜，就在标有“1”的白纸上写上“黄瓜”

（4）这样持续进行讨论，孩子们会发现成员之间都有的共同点，把四个人都有的共同点标写在4号白纸上。

（5）再利用这个结果替小组取名。例如小组成员都有“固执”这项共同点，就可以替小组取“固执的石头”等有趣的名字。

教室里不是只有老师，孩子们也可以互相成为对方的老师。数学好的孩子可以成为数学不好的孩子的老师，笛子吹得很好的孩子可以成为笛子吹不好的孩子的个人指导老师。

同学之间的指导学习不仅能让被指导的孩子受益匪浅，还能让孩子通过指导同学，整理学习内容，巩固自己的知识，锻炼表达能力。但是这样的相互学习往往进展得并不顺利，因为都是在一个教室里学习。所以为了给孩子提供更好的交流平台，可以让不同年级的学生相互学习。如六年级的学生在自然课上学到关于宇宙的知识，就让他利用这些知识讲解《宇宙的神奇》的故事给二年级的学生听。这堂课对于二年级学生来说，会是一堂能学习到“认真倾听他人讲话”的语文课。

叮咛：

想要孩子变成什么模样，父母师长就该成为孩子的榜样。

所以平常大人们要记得时时审视自己的行为，因为孩子就是你的影子。

第八章

培养孩子个人内省智能，加强自我管理能力

1. 个人内省智能高的孩子，自我管理严
2. 自己玩也很开心的孩子，自尊心也很强
3. 目标明确的孩子，对未来更具有热情
4. 如何提高孩子的个人内省智能

1 个人内省智能高的孩子，自我管理严谨

个人内省智能是指一个人对自身的客观评价，
即知道自己的努力方向，
并朝着这个方向不懈努力的能力。

学者丹尼尔·平克主张：“未来是自由职业国，需要特殊的智能。”但是到目前为止，人们还是试图在工作上坚守岗位，为了能在社会中立足而与他人和睦相处，所以从某种角度看来，“自由职业国”这个概念对我们来说还是很陌生。

就像100年前，人们离开农场纷纷去工厂工作一样，现在我们需要预备从事新的变化，也就是抛弃旧有职业。因为一个崭新的时代："新劳动自由职业国度即将到来"，例如在一定时期内将志趣相投的成员聚集在一起共同努力完成工作，但是等工作完成后大家就各奔东西了。

个人内省智能高的人自尊心比较强

未来自由职业国的单位不是"组织"，而是"个人"，因此人们不再为了组织的发展而强迫自己适应组织的生活，反而变成个人价值占主导地位，因此开发个人潜能和提高自身价值变得更为重要。所以，不断地开发自身潜能才能幸福地继续生活，而这种开发能力正和个人内省智能有关。

个人内省智能指的是有自知之明，并且会依据状况而做出适当反应的能力，包括具有强烈的自我意识、意识到自身的情绪、动机、个性、意志、愿望，以及懂得自律、有自知和自尊。

个人内省智能高的人他的自尊心和自我向上心（self-enhancement）都非常强，所以解决问题的能力也非常出色。相反，个人内省智能低的人很难从周围环境中脱颖而出，独立办事。

每个人都要不断鞭策自己

韩国知名国际明星Rain曾经是个不起眼的伴舞演员。一手栽培他成名的朴镇英曾在采访时说："当我责骂他的时候，他总是无动于衷，我以为他听不懂我的意思。但是有一天，我去他的房间后，发现他竟然把我责备过他、需要他改进的话，全都一一写在便条纸上，并贴在一面墙上。看到这种情景，我忍不住哭了。"

朴镇英说已是当红明星的Rain，到现在依然没有改变这种做事态度。"他依然是那么严谨、刻苦，真的非常努力。我不相信他的人气会下降，因为我知道他非常卖力地练习，因此他的人气是绝不可能会下降的。只有当有人比他更刻苦地练习时，才有可能超越他。其实，一个艺人的人气和他的努力是分不开的，所以如果有人想拥有Rain的位置，至少要比他多努力两倍才行，但我觉得要超越他惊人的练习量是很困难的。"

个人内省智能高的人知道自己想要的是什么，并会为了达到这个目标而努力去做。以测试幼儿的情绪商数为目标的著名**棉花糖实验**[1]，也是和个人认知智能有关的。

---

❶**棉花糖实验**

史丹福大学有个“棉花糖实验”：把一些小孩分别带进一个放有棉花糖的房间里，告诉他们：“你可以马上吃棉花糖，但是如果等我回来再吃，就可以得到双份棉花糖。”这个实验由美国哈佛大学心理系教授丹尼尔·戈尔曼所提出，主要是研究人的EQ（情绪商数），包括抑制冲动、延迟满足的克制力和感受能力等。结果显示，能抵御棉花糖诱惑的人比吃掉棉花糖的人承受压力的能力要强，长大后也比较成功。有耐心等待的孩子长大后比较能适应环境和讨人喜欢，并且有冒险精神，可靠、有信心；而急于满足眼前欲望的孩子，其EQ较低，长大后的成就都比能克制自己情绪的孩子要低。

2 自己玩得很开心的孩子，自尊心很强

一般都认为，非常出众的伟人应该是个人认知智能高的人，而那些利用自己的优势获得成功的人士也应该是个人内省智能高的人。因为个人内省智能不仅包括与职业有关的智能，还包括为了发掘这项智能而时时刻刻提醒自己的心态。

从小自尊心强，自己玩也能玩得开心的孩子、不会乱发脾气的

孩子、做事不会轻易放弃的孩子、能坚持到底的孩子，都是个人内省智能很高的孩子。

这些孩子懂得忍受疼痛

小时候曾经不小心从双杠上摔下来，虽然很疼，但是拼命忍着痛，想象自己正闭上眼睛，舒服地躺在沙堆里，而一起玩的同伴们看见我不哭也不动时，吓得大喊："英周死啦！"我从小就很喜欢自己玩耍，虽然也喜欢和同伴们嘻嘻哈哈地在一起玩，但偶尔也喜欢独处，思考一些事情。

有些孩子一疼起来就会大喊大叫，生怕别人不知道，但是有些孩子却懂得忍受疼痛。虽然解决疼痛的方法因人而异，但是大部分个人内省智能高的孩子都会选择忍受。这些孩子不会露出疼痛的模样，因为他们擅长自己调解自己的心情和感受。

不断地提升自身价值

上幼儿园时，我喜欢的男孩子喜欢上比我更漂亮的女孩。我现在还记得，当时自己为了比那个女孩更漂亮，还拼命地努力呢。虽然不晓得究竟有没有变得更漂亮，但是我记得当时真的是很自恋。

当个人内省智能高的孩子感到自己比别人差的时候，不会因为嫉妒而诽谤对方，反而会更加努力提升自己的价值。这些孩子各自有提升自身价值的方法，这显示出他们刚强的毅力。

懂得调解自己的心态

“我小时候曾和同伴一起玩洋画片的游戏，有一次把我的洋画片[1]全输光了。那天晚上，我整夜练习玩洋画片，第二天和那个同伴一决高低，结果我胜了，而那个同伴居然生气了。那时候我想，他昨天明明得到那么多洋画片，怎么可以生气呢？前一天我也因为失去所有的洋画片而伤心，但是我却能充分调整自己的心态啊。”

调整心态不仅有利于自身的精神状态，也有利于与他人沟通。我在介绍人际交往智能的时候，曾举修道者的例子（参考P143）充分说明这个道理，修道者会被恶魔征服是因为他的心态没有调整好。

个人内省智能高的孩子，懂得如何调整自己的心态，但是不擅长表达感情，所以人们常常称赞这类孩子遇事沉着、冷静。

自己玩也能玩得很开心

妈妈说我小时候从不怕自己待在家里，即使妈妈要去买菜不在家，我也从没哭过。妈妈还说，她在家的时候，我自己也能玩得很开心，从不会麻烦妈妈。现在我也经常和同学一起玩，但有时候我更喜欢自己一个人玩。

人际交往智能高的孩子因为不怕生，会让妈妈感到很放心，而个人内省智能高的孩子因为能自己玩得很开心，所以也让妈妈们很放心。个人内省智能高的孩子懂得独自玩耍的方法，能在这样的过程中沉浸在自己的世界里。

❶洋画片

洋画片就是纸质的画片，大约火柴盒大小，前面印了画，后面写有画面的相关介绍文字。20世纪初，洋画片随着香烟这种舶来品涌入中国和韩国，最早和香烟一起发售，“文革”时消失。80年代后，韩国商贩们为了迎合孩子们的兴趣爱好，又开始印制单独的画片，几角钱买一大张，剪成小张后，就成了一套连环画，也有印制当时儿童喜欢的卡通形象的，和以前小孩子玩的圆标纸牌很类似。随着物质生活的进步，现在洋画片基本已经不存在了。

洋画片的玩法有以下几种。第一种是“刮洋画”：一人把一张洋画片放在地上，另一人手持一张洋画片刮下去。谁将原先的那张刮得翻身，或者刮到它的下面，谁就是赢家。第二种是“飞洋画”：参加游戏的几个人，每人将手中的洋画片依次贴在墙上，然后手一松，让它自由飞落到地，看谁的飞得最远，谁就是胜者。第三种是“吹洋画”：两个人面对面坐在桌前，各人拿出一张洋画片放在自己面前，再对准自己的那张不断吹气，洋画片就会向前轻轻地跳动，谁先插进对方洋画片的下面，谁就获胜了。第四种是根据背后的属性介绍比大小。这种玩法出现在80年代以后，但因为缺乏挑战性就逐渐消失了。

叮咛：

有些孩子为一点点小事就哇哇大哭，有些孩子却沉着冷静。特别会忍受疼痛的孩子是内省智能较高的孩子，因为他们擅长调适自己的心情和感受。这样的孩子做事情不会轻易放弃，懂得坚持到底。

3 目标明确的孩子，对未来更具有热情

要提高个人内省智能，
必须先制定明确的目标，
然后不懈地努力。

美国芝加哥大学虽然成立还不到100年，却造就出很多诺贝尔奖得主。很多人都说这其中的秘诀和赫钦斯（R.hutchins）校长所推广的毕业制度有关。芝加哥大学的每个学生必须读完校长推荐的100本好书才能毕业，校长也鼓励学生在阅读这些书的时候，努力学习书本里的有用知识，并在现实生活中努力实践。只有这样，当

你生活在自由职业国度时，才有可能通过提高自身的个人内省智能，提升自己的价值。

确立你的人生目标

金勋正在哈佛大学就读期间曾获得多个奖项，他告诉我们，他的学习秘诀是“在小本子上记录人生目标”。他会在笔记本的第一页写上将来的梦想，之后以一个月、一周、一天为单位，记录每天的计划和结果。他说像这样为了实现梦想而每天去实践小小的目标，对自己的生活来说是一个非常大的动力。

机器人博士郑佑镇则提出分项更细的目标和实践方案。“把‘全校第一、把教科书全都读完’等目标定为目标的话，很难实现。因为这些目标范围太大，所以很多人都不知道从哪里开始才好。若是换成‘1小时之内我要学习这几段’的目标，就可以很容易实现。”

也就是说，赋予达到阶段性小目标的意义的话，这些小目标就可以成为实现梦想的稳固基础。

新闻上曾经轰动一时的小天才孙彬熙14岁时就参加联考了，他

考进釜山外语大学，而且还得到4年免学费的资格。他把自己的学习方法，用童话方式写成了《让学习变得更轻松》。他说他想通过这本书告诉正在上小学的孩子们，要抱着怎样的心态学习以及如何让学习变得更轻松的方法。这本书也提出要提高成绩的第一步，其方法就是制定目标。

“学习的时候不能盲目地学，要先明白自己为什么要学，而且重要的是，要制定适合自己的具体目标。制定目标的时候，先找一个能发挥自己强项的梦想，这样自然而然就有学习的动力了。”

如果问小学二年级的孩子“如何孝顺父母”，大部分的孩子都会回答“要努力学习”。对于孩子们把努力学习当成孝顺父母的最好选择，我们感到很悲哀，这让我们不得不承认在现实生活中，孩子的成绩决定了父母的喜怒哀乐。我们先不提孝顺问题，**重要的是父母要让孩子知道学习是为了自己，而不是为了别人，而且要让孩子体会到学习的乐趣。**

教孩子用热情实现梦想

很多父母认为，“过早制定目标，会妨碍孩子其他的发展”，所以不免担心从小就抱定志向，朝着自己志向努力的孩子。这些孩子不算是过早制定目标，他们只是为了实现梦想而投入“热情”。

在韩国知名导演李贞香的电影《有你真好》里，饰演主角的小童星俞承浩当时才九岁，他出色的演技让人们赞不绝口。可是据说俞承浩平时性格内向，而且缺乏社交能力，但是只要一站在摄影机前，就会变得很积极。他为了喜欢的电影去学自己不太喜欢的拉丁舞；也会为了一个镜头，花一整周的时间学习弹吉他。演出韩国连续剧《父母见上书》里的自闭儿童时，还亲自去自闭儿童的学校去上课，并录下他们的声音，经常边听着他们的声音，边反复练习模仿。他努力地为观众们展现生动的演技。

“我先自己背台词，然后在我的经纪人面前演练一遍，回到家后再进行最后的检验。”我们从中可以看出舞台下的俞承浩是多么努力。

另外，以11岁的小小年纪就拿下河豚烹饪资格证的韩国知名料理家鲁幽静，她曾说起自己成功的秘诀：“为了拿这个资格证，我从去年底就开始练习切河豚了，平均每天练10个小时，前不久还参加在日本举办的河豚节，学到很多知识。”

幽静先拿到西式与日式烹饪资格证书，前不久还拿到韩式与中式河豚烹饪资格证书。到目前为止，她一共拿到五张烹饪资格证书。现在她还在一家大学学习，星期二学习韩式料理；星期三学习面食；星期四学习西式料理。每天都要学到深夜才回家。

幽静打算国小毕业后到美国知名烹饪学校留学，她说：“我要更努力学习，让全世界知道韩国饮食文化的优越性，成为一个料理的传道士。”看来，小幽静已经为实现自己的梦想迈出成功的一步了。我想说的是，我们要向幽静学习的不在于她的成就，而是她小小年纪对料理的一份热情。

从小吸取在家自学的优点

根据韩国教育部的推算，到2006年为止，已经有1000多户家庭的孩子选择在家自学。在2003年时大约只有100多户，可以说不到3年的时间增加了10倍。的确，如果是以前，孩子不上学会让很多人难以接受，但是人们说21世纪以后，最有可能消失的职业就是“教师”，而且在家自学的观念正在快速增长，很多人也都逐渐接受了在家自学的观念。

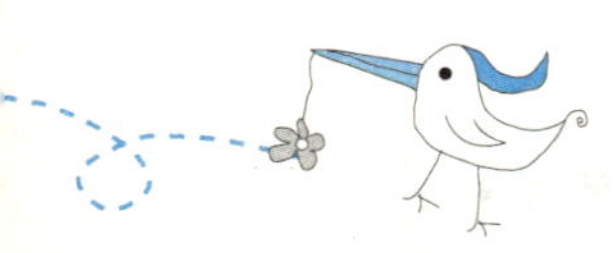

这些家长选择让孩子在家自学有很多原因，其中最大的原因是义务教育有很多缺陷，因为义务教育通常都跟不上时代的变化。与义务教育不同的是，在家自学的孩子可以自由选择自己想学的功课，人们也把这点看做是在家自学的最大优点。然而，在家自学的最大优点是：**“因为不是强迫式的学习，所以孩子们可以养成终生学习的好习惯。”**

懂得自己为什么要学习，然后制定具体目标的主动式学习，需要有很高的个人内省智能。如果没有在家自学的勇气，吸取在家自学的优点也是个方法。吸取在家自学的优点的意思是说，使用主动式学习法，让孩子在学校也能主动学习，培养孩子自主选择的能力。

以前人们都以勤奋与诚实为最大的美德，得到全勤奖曾经是至高无上的荣誉。但是对现在而言，更有意义的事是有效利用时间来开发孩子潜在的价值。特别是在小学时期，不要只顾着功课，要让孩子亲自体验更多的实践活动。

增加课外体验学习的机会

因为学校要求每个学生必须按时到校，所以孩子参加各种活动、与亲人会面的机会也会受到很大限制。为了防止这种现象的发生，韩国的学校会鼓励学生参加课外体验活动，并且把学生参加活动的出席率也算入学校的出缺勤。如果因为访问亲人或是参加活动而无法去上课，可以向导师提交申请书，每所学校都有“体验学习申请书”。

在体验学习期间，国外限制时间是在一周以内；国内则依据各个学校的方针，许可期有所不同。我们可以利用这样的体验学习制度，提供孩子多样的体验活动。

交换学习的方法

我们也可以多利用交换学习的方法，例如长期让孩子去他乡生活，让孩子体验不同的文化，也就是让孩子在别的地区生活，或是就读于那里的学校，像是国外的交换学生等。

在韩国可以向导师提交交换学习申请书，学校就会发送交换学

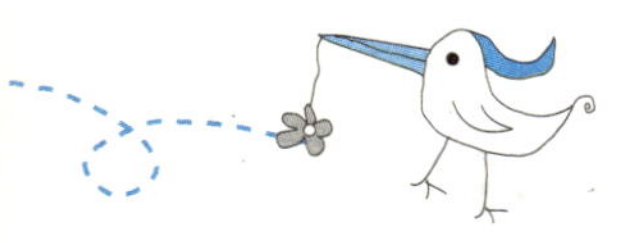

习委托书给当地的学校。交换学习结束后，当地校长会把“交换学习状况确认书”再发回原学校，老师确认孩子在交换学习时的状况后，把这些情况记在生活记录簿里。

韩国的交换学习期国内以三个月为限，国外则不得超过一个月。孩子在交换学习期间可以体验到不同文化的差异，也能感受到家人的重要性。

计划性的旅行可以提高个人内省智能

我们可以借助各种旅行来提高孩子的学习效率。把这类经验与学习联系在一起的能力，可以称为个人内省智能。为了提升个人内省智能，计划旅行的时候也要掌握要领。

要让孩子牢记自己体验过的经验，我们必须先了解关于旅行目的地的各项知识，在有一定知识的基础上，会对目的地充满向往，这样规划旅行才能更有意义。

在孩子小学一年级的时候，我们好不容易计划了一次海外的旅行。为了让这次旅行更有意义，我们选择去北京。虽然正值中秋假期，旅游费用比平时高，但是最后还是下定决心出去旅游了。

据说在月球上也能看到的万里长城等景观，这些吸引了我的目光，我想，孩子至少在以后的20年内都会记住这次美好的旅行。但是为期4天的旅行一直很匆忙，因为我只想着要让孩子拓宽视野、了解更多的知识，因此也不管孩子多累，一个劲地督促他到处观看。

旅行结束后，我问孩子："这次旅行印象最深刻的是什么？"我期待孩子的回答会是诸如连绵不断的万里长城、不断出现一扇扇门的紫禁城、街道上涌动的自行车流等。但是，孩子竟然是这样的答复：

"嗯，是吃汉堡，我最喜欢。"

"汉堡？"

我怎么也无法理解，因为我在那里从没有为孩子买过汉堡。孩子看到我纳闷的模样，说："在回程的飞机上给的汉堡啊！"孩子好象不晓得我所期待的答案，还继续说那个汉堡有多好吃呢。

为什么会是这样的结果？其实从一开始选择旅行的时候就错了。因为我自己和孩子的知识层次完全不同，我是很久以前就通过文章、照片、历史等，充分了解了中国的万里长城，然后在这个基础上去旅行。英国BBC播出的"一生中一定要去的50个地方"中的第20名就是在月球上也能看到的长达5000千米的万里长城。不过万里长城虽然有这么多美誉，但在孩子不了解历史和文化的情况下，他会认为那不过只是一个个山上的城墙罢了。

选择旅行地点的时候，要根据孩子的年龄、知识等，选择孩子想去的地方。如果是一个陌生的地方，父母事先要为孩子灌输有关的知识，尤其是旅行地点的知识，这样才能让旅行更有意义。

4 如何提高孩子的个人内省智能

可以充分利用个人内省智能来上课，最具代表性的就是有系统的体验学习和念动训练。

和天生头脑聪明的孩子比起来，努力进取的孩子的未来更光明。这里所说的努力进取的孩子是指个人内省智能高的孩子。个人内省智能高的孩子懂得自己为什么要学习，能够及时调整自己的方向和步伐。

在教室里可以利用的个人内省智能包括：把平时的经验与功课

联系在一起的体验学习、制定学习目标、循序渐进的自主学习能力和通过调节心态提高学习成绩的能力等。

有系统的体验学习

过几天，我要去江华岛[1]进行修学旅行。让我头痛的是，老师要我们写科学修行评价报告书，调查江华岛潮起潮落的时间，不管是早上起来测量，还是询问当地人，都可以。但是老实说，去旅游哪有时间做那种事情呢？有悬赏积分哦。拜托哪位好心人帮我解答一下。

这是我在韩国“naver网站”上的知识解答栏里看到的一段文字。我在想，为什么他的老师会留这样的作业给学生呢？

在自然课上，老师们讲到关于东西海岸潮起潮落的差异时，通常都会让孩子们回忆在东海岸或西海岸上的经历。这时候，去过这两个地方的孩子与没有去过的孩子的学习方法，一定会有所不同。

去过海边的孩子能把自己的生活经历和学习联系在一起，而没有这种经历的孩子只能在教科书上寻找答案。这时候，显然是去过海边有经验的孩子的学习效率比较高。

但是，去过江华岛、束草[2]的孩子未必都能把现场的经历和学

习联系在一起。如果孩子仅仅只有在束草吃生鱼片、在江华岛捡贝壳的经历，是不会把东海岸的束草、西海岸的江华岛和现在的学习联系在一起的。所以在为孩子提供各种经验的同时，让孩子把这些经历和学习结合在一起也很重要。如果不是这样，孩子们去了江华岛也只会顾着玩，不会知道那里的支石墓[3]和高丽时代的蒙古抗争历史与美法舰队勇敢抗争的德津镇历史。因此，这些孩子也常常把老师留的作业，利用网络搜索，草草了事。

调整心态的念动训练

在教室里能利用到的个人内省智能中，最具代表性的就是自主学习能力。要让自主学习能力得到有效发挥，首先要培养孩子的心态调节能力。

孩子准备考试的时候，如果因为过于紧张而无法答题时，我们可以通过念动训练[4]让孩子拥有平静的心态。利用念动训练来调整孩子的情绪，进而提高学习效率，可以和个人内省智能有密切关系。

在进行念动训练的时候，首先让孩子以最舒服的姿势坐在椅子上，然后放松肩膀，两手放在肚子上，闭上眼睛。这时候，老师在

旁边用舒缓而温柔的声音，吟诵文章给孩子们听。孩子对文章内容有了一定程度的了解后，就可以让孩子抛掉所有杂念，想象文章的内容，那么孩子的心态就会慢慢平静下来，学习效率也会提高。

念动训练的示范

按口令慢慢吸气、呼气。一、二、三。

（吸气的时候下腹要鼓起来，呼气的时候发出“嘶……”的声音）

现在我们要开始心灵的旅行了。

首先，在自己的心里描绘出一幅蓝天。

我们看见远处的蓝天。

再往下一点，可以看见一座山，而这座山离我们越来越近了。

现在，我们再靠近这座山。

山越来越靠近我们。

越来越大，现在可以看见一棵棵大树。

好了，这座山就在我们眼前。

现在我们来爬这座山。

一、二，慢慢地爬上去。

我们听见小溪流淌的声音。

听见叽叽喳喳的鸟鸣声。

终于到达山顶了。

远处看见一座小村庄、田野、小溪，还有小桥。

我们抬头望一下天空。

好了，现在我们慢慢地呼气。

一、二、三……

现在可以睁开眼睛了。

❶江华岛

位于韩国仁川直辖江华郡江华邑。江华岛是韩国第五大岛，位于西海岸。

❷束草

位于江原道东北部的海岸城市，东边有东海，西边有雪岳山，是著名的旅游景点。

❸支石墓

史前时期石墓的一种，英语叫Dolmen。支石墓是巨石文物之一。在支石墓分布地区中，东北亚最为集中，而其中心地区就是韩国。

❹念动训练

在韩国俗称“过电影”和“表像训练”，是一种有效的心理训练方法。念动训练法就是平常说的想象训练法，是对头脑中已有的表像进行加工、改造、重组，形成新形象的一种练习过程，用正确的练习次数越多，想象形成就会越快，越牢固。

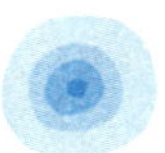

叮咛：

借助旅行或是出国游学、交换学生等，都可以提高孩子的学习效率，但是不要只用大人的眼光为孩子决定旅行的目的地和各项知识，让孩子自己规划和选择，他才会因为心生向往而更有意义。

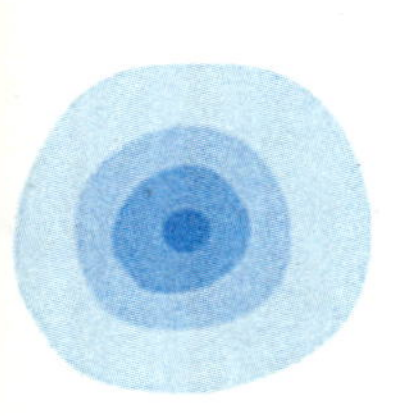

第九章

让孩子亲近大自然，培养自然观察智能

1. 自然观察智能高的孩子能与大自然对话
2. 热爱大自然的孩子，特别喜欢动物
3. 让宠物和植物成为孩子的朋友
4. 如何提高孩子的自然观察智能

1 自然观察智能高的孩子
能与大自然对话

有些孩子的强项是在大自然中显现出来的。我有一个朋友平时沉默寡言，但是只要一到森林，他就会变得非常健谈。他常说，小草是多么神奇，每一株草里都蕴含着宇宙奥秘。

亲近自然、喜欢动物和采集植物，并擅长区分这些动植物的人，他的自然观察智能都比较高。这些自然观察智能高的人喜欢观察山上的树叶形状、大小，查看山的地形，能够很快地区分它们的差异。不但如此，他们也擅长观察动植物或是周围的事物，分析它们共同点和差异处的能力也和一般人不一样。

有一次我正好经过韩国外岛，就顺便参观了这座岛屿。那里曾是拍摄电视连续剧《冬季恋歌》最后一个镜头的地方，就像是个世外桃源一样，我感动于这个小岛主人的自然观察智能，因为处处都充满主人对大自然的爱心和呵护，因此不敢随便对待那里的一草一木。

有些孩子特别喜欢大自然

自然观察智能是最近才被加入多元智能理论的。而自然观察智能指的是分类和分析自然现象的能力。**在原始社会里，自然观察智能主要是用来区分自然界中的东西哪些能吃，哪些不能吃而已。但是现在，自然观察智能主要指的是对气候形态变化的感受。**而创造进化论的达尔文[1]可以说是自然观察智能高的代表。

以自然观察智能高而举世闻名的伟人有很多，像终生致力于研究鸟类的尹茂夫[2]教授和有“玉米博士”之称的金顺权博士[3]都是。金顺权博士曾被推举为非洲的名誉酋长，将玉米带入朝鲜。我想，再也没有比金教授更了解玉米的人了。

据说，金顺权博士在学生时期也不是特别聪明的学生，曾经三次在重要考试上失败。第一次是没考上当时名校韩国釜山商高，第二次是高中毕业后应聘韩国农业大学却没考上，第三次则是大学毕业后，没考上韩国首尔大学的研究所。虽然一再遭遇失败，但是他对玉米的热情却丝毫没有动摇，终于成就了一番大事业。

平常就喜欢观察植物或动物，而且比同龄孩子对动植物了解得多的孩子，还有喜欢看关于动植物电视节目，喜欢在山、大海、田野里玩耍的孩子，都属于自然观察智能较高的孩子。此外，自然观察智能高的孩子喜欢观察大自然，他们喜欢旅行、探险、养宠物、观察家畜、描绘动植物等。

❶**达尔文（1809～1882年）**

英国著名的生物学家。早期因地质学研究而著名，尔后又提出科学证据，证明所有生物物种是由少数共同祖先，经过长时间的自然选择过程后演化而成的。后来，达尔文的理论成为对演化机制的主要诠释，并成为现代演化思想的基础，在科学上可对生物多样性进行一致且合理的解释，是现代生物学的基石。

❷**尹茂夫（1941～　　年）**

庆熙大学理学院教授。出生于庆尚南道巨济岛长承浦的一个小村落，毕业于庆熙大学生物学系和研究所。从就读研究所时期开始，他为了拍摄鸟类和采集鸟的声音，30多年来在全国各地进行考察。他以能听得懂鸟语而闻名于韩国，素有“疯狂的鸟博士”之称。

❸**金顺权**

现在担任庆北大学农学院教授，并身兼国际玉米财团理事长。研发适合北韩种植的“超级玉米”，被誉为西非的玉米之父，曾被推举为诺贝尔奖候选人。

2 热爱大自然的孩子，特别喜欢动物

自然观察智能高的孩子特别喜爱动物，他们往往喜欢养各式各样的小宠物。

有些孩子特别喜欢养动植物，即使是蚯蚓，他也会觉得很可爱，他还能快速地背出那些听起来都差不多的植物名称，对植物相关的传说也会感到很好奇，登山时也会不由自主地观察周围的植物。如果看见一只受伤的鸟，他就非得把它治好不可。即使到书店买书，挑选的也都是与动物有关的书，如《不哭泣的狼》、《麋鹿的人们》

《为了死亡的鲸鱼》、《屋子里的猫头鹰》、《不愿自己是狗》等。

孩子喜欢养各式各样的宠物

从小至今，我养过鸡、鹌鹑、乌龟、金鱼、戛裨鱼[1]、蝌蚪、青蛙、蝎子、Ssimongki[2]、蜗牛。现在正在养戛裨鱼、蜗牛、Ssimongki、蝎子。前不久，戛裨鱼又生了44条小鱼，现在是有48只成员的大家庭。

虽然养宠物的人越来越多，但是宠物的种类大部分都比较单一，大多是狗、猫之类能与人沟通的宠物。那些只有人们一一看护才能存活的宠物，还是很少有人养。不过自然观察智能高的孩子天生就懂得如何与这些看似无法与人沟通的动物交流，因此养宠物的种类范围很广。

自然观察智能高的孩子不仅喜欢养狗，还喜欢养金鱼、仓鼠、刺猬、鬃狮蜥、鬣蜥、蟋蟀、变色龙、蝎子等各式各样的宠物。孩子养这些稀奇古怪的动物，有时真的会让人感到很稀奇。而看着孩子无微不至地照护宠物，父母会感觉到很欣慰的。

对动物特别有爱心

小时候我养过一只小鸡，某一天早上起来却发现小鸡死了。我那时候不知道小鸡为什么就这么死去了，抱着小鸡在小区伤心地哭了好久呢！从那天起，小区的居民们都叫我‘抱着小鸡哭的小孩’。我非常讨厌那些虐待动物、破坏植物的人。

小时候我很喜欢看《101只忠狗》这部电影。后来我听说做一件貂皮大衣必须杀掉30只貂时吓了一大跳，而且听说如果貂死了，皮的质量就会下降，所以得趁着貂活着的时候扒它的皮，听到这些话的时候我伤心极了，极力反对妈妈穿貂皮大衣。当时爸爸正好花了许多钱买给妈妈一件貂皮大衣，妈妈因为我的反对，就此不穿了，于是把那件大衣送给奶奶，但是奶奶也不敢在我面前穿那件貂皮大衣。我希望大家绝对不要穿用动物皮毛做成的衣服，那样做实在是太残忍了！

自然观察智能高的孩子懂得与自然对话的方法，所以也懂得尊敬自然、爱护自然。

❶耍裨鱼

为印度的一种小鱼，是柔弱的象征。

❷Ssimongki

一种宠物海虾。

3 让宠物和植物成为孩子的朋友

养宠物有助于提高孩子的自然观察智能。
经常去亲近大自然，
也是提高孩子自然观察智能的有效方法。

研究结果显示，大部分的恶性杀人犯小时候都曾虐待过动物。

自然观察智能高的孩子对自然的爱心尤其强烈，所以会做出常人无法理解的事，例如以全裸方式表示“反对毛皮运动”等。也因为有这样的人，世界才不至于走向毁灭。

看到分类处理垃圾时妈妈的身影，或正在用干毛巾一一擦拭叶子的爸爸的身影，孩子会受到潜移默化的影响。孩子在这种环境下，也会慢慢懂得怎样去珍惜和爱护大自然。

一般人讨厌的动物他也很喜欢

以前我在教课时曾经当过班主任，现在回想起来对那些孩子感到有点愧疚。那时候四年级的自然教科书的课本上有蚯蚓的照片，孩子有一次无意中把那页图片翻给我看，我吓得魂飞魄散，当场大叫。看见老师受到惊吓孩子们也大叫了起来。那时候我班上的小孩子只要一看到蚯蚓的照片，就会像我一样吓得连看都不敢看。

可是另一个班的孩子们却一点也不怕蚯蚓，还把蚯蚓当成宠物放在手里玩呢。这些孩子不怕蚯蚓的原因，大概和他们老师的教学方式有关。那位老师在讲课的时候会很自然地摸着蚯蚓，把蚯蚓放在玻璃板上，和孩子们一起观察蚯蚓蠕动的模样，还告诉孩子们蚯蚓对人类来说是很有用的动物。看着老师镇定的样子，孩子们也就不害怕蚯蚓了。

一直到现在我如果在路上看到蚯蚓，还是会回想起当年我班上的孩子们，并且因此对他们感到有些愧疚。其实，能让孩子们感受到自然的美妙不也是一种教育的美德吗?

有些父母为了帮助孩子学习自然课，还会在自家阳台上种白菜，养菜青虫。但是如果父母看到青虫害怕而逃跑的话，反而会有负面效果哦！所以，应该让孩子认真观察卵变成青虫，青虫变成蛹，蛹再变成蝴蝶的过程，引导孩子感受大自然的神奇与美妙。

宠物也是家庭的成员

有位朋友讲韩国《在陷阱中得救的儿子》这个故事给我听。我这个朋友非常关心子女教育，她的儿女也都非常优秀。她的大女儿踏上社会以后发展得不错，那时候正就读高中的小儿子却感到非常孤独。当时这个朋友以为儿子只是一时的彷徨，所以并不太担心，直到有一天，一直潜伏的事情终于爆发了。

那一次全家人都以为儿子在睡觉，没有多加在意，没想到孩子竟然收拾东西以后，留下一张纸条就出走了。纸条上是这样写的："爸爸、妈妈，对不起，我要走自己的路，我一定会成功回来报答

你们的。”这位朋友向我倾诉当时看到这张纸条时，仿佛天塌下来一样，脑海里只有一个念头：要怎样才能找到心爱的儿子？

朋友在上班、出差的途中，脑海里全是儿子的身影。没想到有一次在路口等绿灯的时候，正好发现儿子和几个朋友正嘻嘻哈哈地过马路。看到这个情景，朋友不管三七二十一地跑过去，一把将儿子拉进车子里，因为情况太突然了，儿子也无力反抗，只好乖乖地坐进车子。

这个朋友取消出差后把孩子送回家。在路上他向儿子吐露自己的心情，说自己非常担心儿子，也几乎失去活着的乐趣等，然后才问孩子为什么要离家出走，孩子竟然回答说是因为觉得太寂寞了。

“爸爸、妈妈和姐姐平常都很忙，我每天放学回家总是自己吃晚餐，去补习班回来也是，几乎每天都是独自待在家里。回家的时候，在楼下看见家里灯还没亮，就不想进屋了，所以我才跟那些同学混在一起。虽然我知道跟他们混是不对的，也知道很对不起你们，但是起码跟他们在一起让我感到舒服，心里也得到安慰。所以我和那些朋友约好一起离家出走，我怕如果我不跟他们走的话，会变得更孤单。”

听到孩子这些话后，这个朋友不禁哭了。为了不再让孩子感到孤独，母子决定养一只小狗，让狗成为家庭的一员，从此家里总会有个家人——狗狗永远等着孩子回家。她说后来自己也渐渐喜欢上

狗了，有时候甚至还比其他家人更喜欢呢。

还有一位朋友是因为家里养了狗，不能夜不归宿。听说这只狗每天晚上都会在门口等主人回家，狗对主人这么忠心，主人能不回家吗？这个朋友还说自己如果比平时晚归了一点，狗还会跟自己发脾气呢。

宠物不但能抚慰孩子的心灵，还有助于提高自然观察智能。在自然和谐共处的环境下，孩子的自然观察智能也会茁壮成长。

在家里栽培芽菜，体验大自然生活

老师在讲到青虫演变的过程时，通常会在教室里养青虫。当孩子们亲自看到卵变成青虫，然后再变成茧，过几天又变成白色的蝴蝶飞来飞去的时候，就会情不自禁地欢呼起来。

和孩子一起在家里种植蔬菜，也能提高孩子的自然观察智能哦！当然，家里有田地再好也不过了。但是如果是公寓，觉得种植蔬菜有些麻烦的话，有个替代的方法，就是栽培芽菜，这也是提高孩子自然观察智能的有效途径。

栽培芽菜很简单，不需施肥，只要按时浇水就可以了，而且芽

菜比一般蔬菜的营养价值更丰富，是成熟蔬菜的4～20倍。此外，只要种植约一星期左右就可以吃了，因此深受广大民众的喜爱。

现在市面上有很多关于栽培蔬菜方面的书，买书的时候要选择适合自家实际情况的书籍。也可以和孩子一起去书店购买栽培蔬菜的书籍，这会成为一个很好的经历和回忆。

栽培青花菜的方法

（1）要准备的东西：栽培容器（竹筒）、泥炭球、纱布、青花菜种子。

（2）栽培过程：

- 浸泡青花菜种子约4个小时。
- 用沸水消毒栽培容器。
- 倒入泥炭球，约容器的一半，然后铺一层纱布，用喷雾器喷几下水。
- 在纱布上面均匀地撒上青花菜种子。
- 种子上面铺一层布。

- 每天用喷雾器喷2～3次水，然后把周围弄得暗一些，记得不能喷太多的水，要随时确认有没有积水，保持容器的干净。
- 栽培温度要保持在25℃～27℃左右。

让孩子参与生态体验活动

鸟博士尹茂夫在文章中曾经提到“赏鸟”，是一种不惊吓鸟类，观察或观赏自然状态下鸟类行为的旅行。

“我常常一边看着鸟儿，一边梦想着逃脱这个令人窒息的生活，像鸟儿一样自由飞翔。”也许大家也都曾经梦想过这样的生活，但是赋予人们梦想的鸟儿们，正从我们身边消失，梦想也慢慢被践踏了。这是因为我们对环境太残酷了。我们对环境掠夺得越多，失去的也将越多。

假期到来的时候，父母不要急着替孩子报什么补习班，应该给孩子一个特别的假期，不妨和孩子一起去山里或田野间，去寻找、观察鸟类的踪影。因为对孩子最重要的，不是书上的知识，而是能感受到鸟儿叫声的耳朵和心灵。

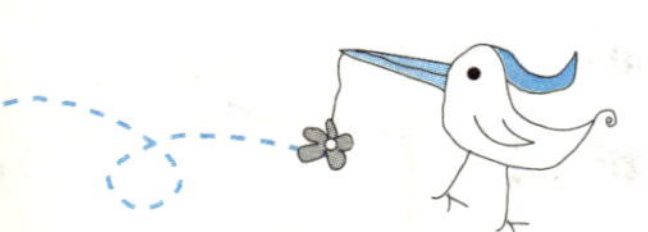

在韩国阳平郡[1]阳水大桥下有一所“两栖类幼虫生态学校”。在这面积达1.5万平米的大地上，有各种草本植物、水生植物及灌木林等。在展览厅里，一年四季都可以观察到鲜活的生物，包括容纳了1000多万只蝴蝶的蝴蝶生态馆，1000多种昆虫、两栖类、爬虫类等。标本展览厅里还展示1000多种国内外蝴蝶、昆虫的标本。这里还聘请了很多专家，在他们的指导下不但可以学习很多关于昆虫、动物、野生花草的知识，还能学到如何观测星座哦。

韩国全罗南道[2]灵岩有一所“罗佛岛生态体验学校”，这里有很多有趣的生态体验。周末对外开放的体验项目，很值得家长和孩子一起参与。

罗佛岛生态体验学校推出的一系列活动项目中，有“投入感情游戏”、“利用感官观察事物”。如果没有时间或精力去罗佛岛生态体验学校，也可以到附近的后山做一些简单的活动。

罗佛岛生态体验学校的活动示范

（1）**投入感情的游戏：**邀请别人到我的窝、寻找同龄树木、倾听大树的脉搏、种植只属于自己的树、绘制森林生命设计图、模仿大自然。

（2）**利用感官观察事物：**观察日落、叫唤鸟儿、亲近鸟类、模仿大树等。

（3）**集中、记忆、想象：**寻找同一个自然动物、丛林探险、当一次蝙蝠和飞蛾、猜动物名称、当一次青虫等。

（4）**享受沉默和孤独：**蒙上眼睛走路、冥想散步、训练猎人、制作声音地图。

（5）**练习信赖、社会性：**互相续写诗句、在诺亚方舟寻找同伴、制作生物金字塔等。

❶阳平郡

隶属韩国京畿道的一个行政区域。

❷全罗南道

是韩国西南部的一个行政区。

4 如何提高孩子的自然观察智能

如果把孩子任意放在大自然中，孩子可以一整天玩个不停。**注意观察我们的周围世界，其中有很多能培养自然观察智能的材料。**除了在教室里栽培植物、养殖昆虫之外，还可以到校园或学校附近的山上，让孩子们在这些地方得到很特别的经历。

操场也是很生动的教育场所，因为每一个生物、小石子、沙子等，都可以成为教育孩子的材料。但是最近有很多学校把操场改成塑胶体育场了，在学校里根本踩不到泥土。之所以这么做是因为大家都把操场当做只是“体育活动的地方”。

从自然课中学习生命的尊严

在课堂上，有很多种方法可以让孩子们懂得生命的尊严，例如阅读在社会底层挣扎的人们所写的文章、交换立场写作、学习为了维护自己的尊严而拼命的伟人们的事迹等。

我们可以利用自然观察智能教导孩子们懂得生命的尊严。首先，把孩子们带到校园中，接着出一个课题给他们，让他们观察平时没有仔细观察过的生物。此时孩子们就能亲自观察到大树，还有藏在大树下、惊慌逃命的蚂蚁等各种生命。

其次，让孩子们和这些生命对话，这时候孩子们就能深深体会到，原来校园里还有这么多生物，而这些生物都有自己的生存方式。通过类似这样的与自然对话的方法，孩子们会慢慢懂得爱护自然、珍惜生命的重要性。

观察月亮的变化过程

在讲解关于月亮的知识的前几天，可以先发给每个孩子一本用于观察的小册子，让他们每天画下一幅当天月亮的形状。如果孩子不喜欢观察，可以提示他们能够看到不同形状月亮的时间。

还有，傍晚观察会比较方便，所以最好选择能在傍晚观察到的月亮。这段时间正好是新月到满月期间，以农历为标准，新月会在每个月的初二至初四出现，上弦月是初七至初八，满月是十五。因此把观察日期定为农历的初三至十五比较合适。观察后的第二天让孩子们在课堂上说说月亮的形状是怎样变化的。

练习寻找学校里的不同植物

（1）第一阶段：向孩子们说明这次活动的目的是“寻找学校里的多种植物”。

（2）第二阶段：发给每个孩子一份可以检验学校里生物的基本目录和细部目录。基本目录是可以客观观察到的植物（樱桃树、黄色花朵等），细部目录则为可以凭主观感

情（看起来很幸福的）或自然法则（生物链等）发现的植物。

（3）第三阶段：拿着笔和本子到校园里寻找目录上的植物，并加以记录。活动时间控制在20～30分钟。

（4）第四阶段：活动结束后和孩子一起讨论活动感想，孩子将会有意外的收获哦。例如第一次知道学校还有樱桃树等平时没有注意到的植物。

叮咛：

爱护动物和植物的孩子，都是自然观察智能高的孩子。让孩子与生命对话及学习这些生物的生存方法，都可以让孩子深深体会到爱护自然的重要性和生命的尊严。

第十章

通过各种活动培养孩子的多元智能

1. 父母必须帮助孩子培养多元智能
2. 游戏可以刺激孩子多元智能的发展
3. 如何将多元智能运用在教学上

1

父母必须帮助孩子培养多元智能

不要只单方面地培养孩子的一种智能，
因为不管做什么事，
一般都必须具备2～3种智能。

生活中有一些妈妈只注重培养孩子一种智能。例如，妈妈想让孩子成为朴智星[1]那样的选手，就会把自己全部心思放在培养孩子的肢体运动智能上。

一种智能的高低就能决定一个人的成功与否吗？我认为，这是不可能的。因为不管做什么事，都需要具备2～3种智能。

人们对足球选手有一种偏见，就是所谓的“头脑简单，四肢发达”。但是，如果真想在这方面闯出一片天地，成为世界性足球选手，不但需要肢体运动智能，还需要数理逻辑智能、人际交往智能、空间智能等。

一种智能的高低不能决定一个人是否成功

足球选手朴智星曾经有段时间在日本踢球，他刚去日本的时候，完全听不懂日语，但他不懈努力，利用业余时间学习日语，六个月之后渐入佳境，一年后简单的会话已经能运用自如了，两年以后在没有口译人员的情况下，他也能接受简单的采访，让周围的人大吃一惊。后来他去荷兰踢球，还努力地学习荷兰语，转入曼彻斯特球队以后，他每天坚持学习英语2～3小时。

已经掌握韩语、日语、荷兰语、英语四种语言的朴智星，打破人们对足球选手的偏见，成为人们很好的榜样。

足球选手和语言智能两者看起来毫无关联，但是想成为世界性的足球选手，具有这些智能是必要的。因为如果不懂英语，不仅很难和其他选手交流，也不能和指导战术的教练沟通。

我们从朴智星的一举一动中可以看出，他是个自我认知智能很高的人，如他常常分析并记录训练过程、有着很明确的目标等。而他也知道语言是和其他选手、教练沟通的有效方法，所以非常努力地学习语言。从这点可以看出，朴智星的人际交往智能也是比较高的。

不要只培养孩子的一种强项

我们这个年龄的人都还记得，当年的高中联考只要考试成绩一公布，报纸上就会出现类似下面的文字。

“本次状元×××，完全没有依赖任何补习班，只按教科书进行扎实的考前准备，当然，平时也认真预习和复习。”

但是近几年却很难看到类似的文章了。偶尔会听到周围的人在议论，某某人在联考中取得高分，可是最终却没能如愿以偿考入自己希望的大学等。看来这些事情现在也失去新闻价值了。

现在取代这些新闻而且撰写、出版自己学习秘诀而成名的人，大多是不到20岁的青少年，他们不但学习成绩优异，在美术、体育、音乐方面也大多表现不俗。

韩国刚出版的《征服英语的方法》的作家赵承燕，同时在韩国也出版了《学习方法》和《思考方法》这两本书。她从纽约大学的斯特恩商学院毕业后就到茱利亚音乐学院学作曲，现在则计划到巴黎学习美术史。

这些天才少年在各方面施展才华，开发多元智能。因为智能是从各个方面一起作用的，所以在这里特别提醒家长们，千万不要只注重培养孩子一方面的智能。

---

❶朴智星

2000～2002年朴智星在日本京都踢足球，2000年、2002年他是J1联赛的选手，2001年踢过J2联赛。现在效力于英超曼联球队，是曼联历史上第一位韩国球员。

2 游戏可以刺激孩子多元智能的发展

各种游戏和活动并不只和一种智能有关，
只有多种智能一起发挥作用时，
游戏和活动才显得生动有趣。

曾经有段时间非常流行为心爱的人折纸鹤，当时觉得这种行为很幼稚。但是在去一个朋友家时，我看到令人感动的一幕——朋友的钢琴上有一个装满千纸鹤的玻璃瓶子，朋友说那是读高中时男友送给她的。

从一只只细心折出的纸鹤中可以看出那位男友的肢体运动智能；纸鹤有三种颜色，搭配得恰如其分，装在瓶子里既美观又大方，体现了他的空间智能；废寝忘食地折纸鹤则看出他的个人内省智能；懂得用哪种方法打动对方，可看出他的人际交往智能。这么多种智能结合在一起，使得千纸鹤经受住时间的考验，20年后也仍然被摆放在钢琴上。

一种活动并不仅仅是和一种智能有关，当多种智能一起作用时，活动才能进行下去。下面我们来看一下能够在一种活动中培养多种智能的方法吧。

用心灵拍照，刺激孩子无限的想象力

带孩子一起旅游时会发现很多美景，我们可以让孩子把心中的美景用图画表达出来。来到郊外后，妈妈先将孩子的眼睛蒙住，拉着他的手去森林散步。为了让孩子充分感受森林的气息，要遵守一条规则：不能说话。

孩子一旦蒙上眼睛，看不到眼前的世界，只能依赖妈妈行动。大部分的孩子闭上眼睛后都会感到很不安，但是可以通过这种方法

培养孩子对母亲的信任。在散步的时候，妈妈的任务就是让孩子感受大自然，例如触摸树叶、溪水、花草等。如果眼前出现相当美丽的风景，就让孩子用心去拍下这个画面。试着让孩子暂时睁开眼睛几秒钟，把眼前的风景用心灵拍摄下来。

用以上的方法再拍5张的照片，这时可以松开孩子的眼睛，和孩子尽情讨论刚才拍过的照片。这时候妈妈的提问可以刺激孩子的想象力，例如哪些画面你最喜欢，有没有听到什么奇特的声音等。回家后让孩子把刚才拍摄的照片用图画表达出来，再把这些图画编成一本“只属于我的书”就更棒了。

从事这个活动的时候，如果其他家庭或是同年龄的孩子、兄弟姐妹、亲戚能一起参与，效果会更好。这个活动需要运用自然观察智能、人际交往智能、语言智能、空间智能、音乐智能、肢体运动智能等多元智能才能完成，可以培养孩子多种智能哦。

制作四季小画册

在每年不同的季节，可以利用相机拍下我们现在住的地方，然后做成小画册，和孩子一起比较四季的变化。用这种方法可以刺激

孩子的多元智能。

（1）先仔细观察周边环境，和孩子一起讨论并选择好想留念的地方，确定拍摄角度，然后用数字相机拍下这些地方的四季景象。这些拍照活动有助于提高孩子的空间智能。

（2）在网络上或百科全书上搜集并整理关于这些照片的资料，写下介绍照片的文字，这有助于提高孩子的语言智能和数理逻辑智能。

（3）把这些照片按季节分类，再加上一些刚才查过的数据文字，取名为“我住的地方的四季变化”，小画册就大功告成了。在照片上还可以用图画或文字来表达自己拍摄时的感想，这样可以提高孩子的语言智能和空间智能。

（4）一些孩子喜欢的玩具、图画、作文、模型等，都可以成为珍贵的素材，这些材料都会渐渐成为孩子的传记，孩子长大以后还可以和他们自己的子女分享。今后他们也会像自己的父母一样，为他们的子女制作这样的画册。在制作画册的过程中，孩子们会领悟到自己存在的意义，自尊心也会增强，个人内省智能也得到提高。

在我小的时候，有一位给铅笔刻字的大叔经常会到我们村子里来做生意。记得那时候看着自己的名字被刻在铅笔上时，还真是感到又好奇又欢喜。如今时代变了，我只要用word编辑文章，接着将它用Email发给出版社，不久就能收到自己的书了。

是因为我不知足吗？看着这些印刷品总感觉不是很亲切，到现在还是会怀念以前亲手写的字和画的图画。就像亲手制作的贺卡比电子贺卡让人觉得更温馨一样，和孩子一起制作书本是让人重温过去美好感觉的过程。

在制作书的过程，可以有效提升孩子的多元智能。因为在制作书的时候要经过读写（语言智能）、绘画（空间智能）、制作（肢体运动智能）、送礼物（人际交往智能）的过程，而这些过程恰恰是唤醒并刺激孩子智能的主要因素。最近有很多地方都开设制作书的讲座，家长可以和孩子一起去体验一下。

亲手DIY

制作立体书

1. 先把纸张纵向对折，展开后，再横向对折。
2. 在折线稍下面，水平方向剪出两条短线。
3. 剪出来的部分先向前折，打开后再向后折，再打开。
4. 把纸张换纵向对折。
5. 再对折后，一边打开一边用手指把中间的立体模挑出来。

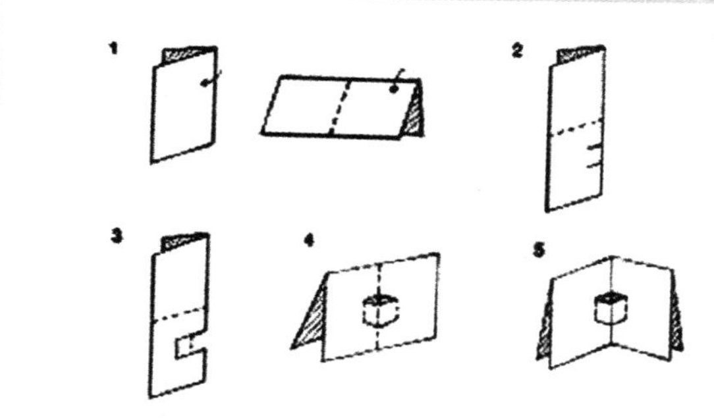

*参考书目：2001年出版Paul Jones著《making book》

亲手DIY

制作手风琴书

1. 把纸张对折，展开。
2. 向中心线对折，然后展开。

   （会出现4个面）。
3. 横向对折，使刚才的4个面各分成两半。
4. 按折线折出手风琴的模样即为手风琴书，可在上面写字或画画。

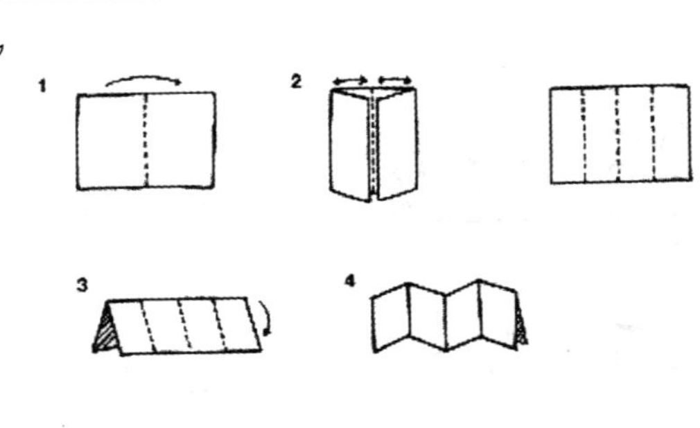

*参考书目：2001年出版Paul Jones著《making book》

亲手DIY

制作宠物书

1. 先把纸张纵向对折，然后展开。
2. 再横向对折，在这1/4处用虚线画出宠物的图案。
3. 把纸展开后，用剪刀剪掉此1/4块虚线以外的部分。
4. 再把纸纵向对折，后横向对折。
5. 把下面连结的部分裁开成若干页，中间用夹子夹起或穿洞后用线穿过绑起，做成书状。
6. 让有动物图案的部分放在前面当封面，并绘上颜色即可。

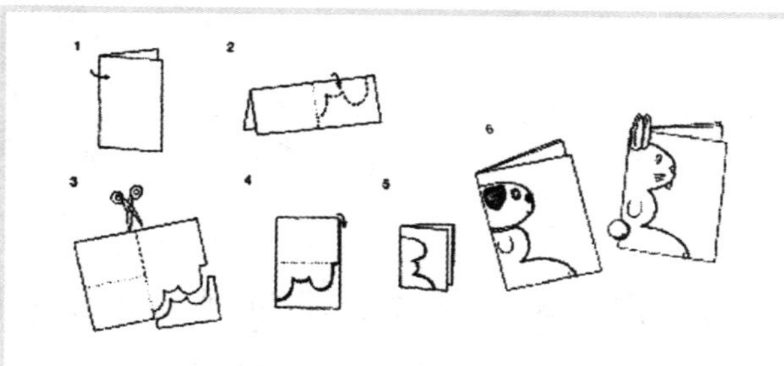

*参考书目：2002年出版Paul Jones著《我的家人和朋友》

3 如何将多元智能运用在教学上

多元智能的教学并不是最近才被开发的，以往效果比较好的教学都已利用了多元智能。

传统教育利用了7种智能，例如讲课的时候使用节奏性语言的老师（音乐智能）；为了说明“点”而在黑板上画图的老师（空间智能）；讲课的时候肢体动作非常多的老师（肢体运动智能）；为了给孩子们思考的时间，暂时停止讲课的老师（个人内省智能）；为了增进同学之间的交流，经常提问的老师（个人内省智能）等。

虽然这些老师讲课时主要以教授知识为中心，但他们在讲课的过程中恰当地运用了多元智能。

这是教育专家托马斯·阿姆斯特朗（Thomas Armstrong）❶说过的话。利用多元智能的教学并不是最近才被开发的，过去许多效果比较好的课大多已经运用了多元智能。

利用追踪游戏培养孩子的三种智能

每4个人分成一个小组，利用学校设施来进行追踪游戏，可以通过这种游戏完成老师下达的课题。在游戏过程中，同学们可以利用设定的暗号互相提醒，或是用文字的说明来追踪，老师可以依据具体教学内容来决定要让学生从事什么追踪。

追踪暗号的游戏举例

暗号	说明	暗号	说明
	往这里走		快点走
	往这里转弯		不要往这里走
	往这个方向向前走三步有一封信		危险，小心

各个小组开始游戏的时候可以间隔一段时间开始，或是各组安排在不同的场所。进行游戏的时候可以向父母或是老师求助。

进行追踪游戏的时候需要各种智能，例如与小组成员协同进行游戏时需要人际交往智能、肢体运动智能，读懂暗号则需要空间智能。游戏中可以提示不同的活动课题。

多元智能活动课题的范例

（1）在学校花园的植物中找出5种以上四季常绿的植物，并写出植物的名字。不知道名字的植物可以用图画画出来（自然观察智能、空间智能）。

（2）在停车场，找出车牌号4位数之和最大的车辆，并写出这辆车的颜色和种类（数理逻辑智能、空间智能）。

（3）计算整个团队人数的3倍是多少，并捡与之相比多一些的石头，堆在一起，然后小组成员一起唱《我们的愿望是统一》这首歌（音乐智能、数理逻辑智能）。

（4）小组成员轮流闭上眼睛，1分钟之内说出自己的3种优点，小组成员可以为他鼓掌（个人内省智能、人际交往智能）。

（5）小组成员齐心协力，利用老师准备的东西制作国旗（人际交往智能、空间智能）。

---

❶托马斯　阿姆斯特朗

美国特殊教育专家，从事多年的“学习障碍”（LD）研究与教学工作。

特别附录

开启孩子未来的秘密档案

找出孩子强项的最好方法就是妈妈细心观察孩子的一举一动。先利用试题找出孩子的强项，再与同龄孩子比较，这也是个好方法。

下面的试题是以韩国小学五、六年级的5000多名孩子为对象作为检查的标准化试题。为了开发这个检验工具，有很多小学教师、教育学大学教授、教育研究所研究员等专业人士都积极参与。希望这个素质能力的考核试题可以让孩子实现梦想起飞。

小学生素质能力考核表

1. 检验前

首先要让孩子认真地思考一下自己的情况。父母要提醒孩子检验的目的，是为了发现自身潜在的能力，要让孩子郑重对待检验过程，避免说谎或是当成游戏。

2. 检验时

本试题由十个领域构成，而每个领域都有12个问题选项，每个问题都要认真对待。如果出现难以理解的选项，孩子要及时提出疑问，父母要认真回答。

3. 评分程序

每个领域都要计算一个总分，这个分数会成为原始分数。在《基准评分表》上找出与原始分数相应的百分比。百分比占75%以上为“高”，25%～75%为“普通”，不到25%为“低”。

4. 适用结果

这个检验的结果只能当作是孩子理解自身潜能的一种方法。也许检验结果和你平时观察到的会有出入，也可能孩子把检验过程当成一种游戏而没有认真作答等，这些情况都可能会发生。最好检验结束后和孩子一起沟通并交流，各自述说对检验结果的感想。

分析的检验结果还可以参照附录3的举例，然后在附录4中查出与检验结果相关的职业。完成以后可以让孩子上网或通过其他途径，早点了解自己喜欢的职业。

■ 评分试题和方法

这是一个孩子评价自身能力的试题。请认真思考并解答这120个问题。本检验结果和成绩无关，务必诚实解答，并评价自身的能力。

（范例）我读完剧本后，能生动地演绎出剧中人物吗？

● 我读完剧本后，能非常生动地演绎出剧中人物。 5分

● 我读完剧本后，能生动地演绎出剧中人物。 4分

● 我读完剧本后，不知道能不能生动地演绎出剧中人物。 3分

● 我读完剧本后，好像不能演绎出剧中人物。 2分

● 我读完剧本后，完全不能演绎出剧中人物。 1分

◎评分标准

做得非常好	5分	做得好	4分	做得一般	3分
做得不好	2分	做得非常不好	1分		

■ 肢体运动智能测验

编号	内　容	评价/（分数）				
		5	4	3	2	1
1	我能连续跳绳5分钟以上					
2	我能一口气爬到山顶					
3	我读完剧本后，能生动地演绎出剧中人物					
4	我很会表演悲伤的表情或快乐的表情					
5	我很容易跟上老师的示范动作跳舞					
6	无论舞蹈动作多么难，我只要学几遍就能够掌握					
7	躲避球玩得很好					
8	我能在铅笔掉下去前抓到铅笔					
9	我能边运球边走路					
10	我羽毛球打得很好					
11	搬运东西等需要力气的工作我也能做得很好					
12	我很会做仰卧起坐					

◎ 能做得非常好 → 5分，能做好 → 4分，做得一般 → 3分，做得不好 → 2分，做得非常不好 → 1分

■ 双手动作能力测验

编号	内　容	评价/（分数）				
		5	4	3	2	1
13	我能很灵活地用筷子夹小东西					
14	我能用剪刀剪很复杂的图案					
15	我能用圆规很准确地画出自己想要的圆					
16	我能用水果刀削出苹果					
17	我能用雕刻刀刻出自己想要的版画					
18	我能用滴管滴出适量的液体					
19	我能用一小张纸折出很复杂的手工作品					
20	我能用小纸片做出马赛克画					
21	我能很细心地用毛笔涂颜色					
22	小零件也能很细心地组装					
23	我能用橡皮做出很精致的娃娃					
24	我能用针线把东西缝补得很好看					

◎ 能做得非常好 → 5分，能做好 → 4分，做得一般 → 3分，做得不好 → 2分，做得非常不好 → 1分

空间智能测验

编号	内容	评价/（分数）				
		5	4	3	2	1
25	看平面展开图，就能推算做出来的模型的样子					
26	看堆积的木筒上面、前面、侧面就能判断出有多少个木筒					
27	我画的人物画，个性很突出					
28	我能把花草树木画得很生动					
29	我在学习的时候常常利用图画或心智图					
30	读完一本书后，就能在脑海里想象出故事情节					
31	我很擅于整理自己的房间					
32	我很会摆放教室里的美术作品					
33	我能借助地图达到第一次去的地方					
34	我能借助公园地图到达目的地					
35	我很会搭配衣服的颜色					
36	我的美术作品颜色搭配很谐调					

◎ 能做得非常好 → 5分，能做好 → 4分，做得一般 → 3分，做得不好 → 2分，做得非常不好 → 1分

■ 音乐智能测验

编号	内 容	评价/（分数）				
		5	4	3	2	1
37	我能极富感情地演奏乐器					
38	第一次看的乐谱也能演奏得很好					
39	唱歌唱得很正确					
40	我能有感情地唱完一首歌					
41	读完一首诗，能在诗句上添加曲调哼唱					
42	同一首歌能唱出不同的风格					
43	演奏打击乐器的时候，能很有节奏地打拍子					
44	我能根据长鼓的声音打拍子					
45	朋友唱歌的时候能指出走音的部分					
46	我能凭钢琴声音判断出是什么调子					
47	我能边听声音，边思考这个音乐的特征					
48	我在听音乐的时候，自然而然会想到与之有关的情景					

◎ 能做得非常好 → 5分，能做好 → 4分，做得一般 → 3分，
做得不好 → 2分，做得非常不好 → 1分

■ 创造力测验

编号	内　容	评价/（分数）				
		5	4	3	2	1
49	在缺乏所需要东西的情况下，我能找出替代用品					
50	我能想出废物利用的方法					
51	我能想出很多种利用手帕的方法					
52	我能想出很多新的游戏规则					
53	我能想出10种以上用苹果做的料理					
54	我能想出10种以上用皮球玩的游戏					
55	我能画出10种以上很有意思的信号灯					
56	我能想出10种以上用自己的力量帮助穷人的方法					
57	我能在儿童会议上讲出独到的见解					
58	和伙伴玩耍的时候，我能想出很好的idea					
59	美术课上我能做出独特的作品					
60	我能编出别人想不到的故事					

◎ 能做得非常好 → 5分，能做好 → 4分，做得一般 → 3分，做得不好 → 2分，做得非常不好 → 1分

■ 语言智能测验

编号	内　容	评价/（分数）				
		5	4	3	2	1
61	我很擅长用文字表达自己的思想感情					
62	我能把想对朋友说的话，用很有条理的文字写给他					
63	我能向对方传达自己的意见或感想					
64	我能很生动地讲述自己小时候的故事给其他人听					
65	我能展开想象力编写故事					
66	我能编出很多有趣的故事					
67	我喜欢阅读诗或小说，而且很容易被这些文字感动					
68	我能在诗或小说上找出印象深刻的语句					
69	只要读完课文或论文，我就能找出文章的中心思想					
70	读完一篇故事后能快速复述故事的情节					
71	我能很快理解校长讲话内容的要点					
72	我很容易就能听懂朋友讲的笑话					

◎ 能做得非常好→5分，能做好→4分，做得一般→3分，做得不好→2分，做得非常不好→1分

■ 数理逻辑智能测验

编号	内　容	评价/（分数）				
		5	4	3	2	1
73	对复杂的计算也能算得又快又准					
74	计算试题后，能用验算确认答案是否正确					
75	用文字表达的数学题能很快用数学式表达出来					
76	看到一道数学题，能马上想出解决方法					
77	我能通过各种情况，判断出新的事实（结论）					
78	我能很准确地预测出事情结果					
79	我能快速理解数学教科书里的内容					
80	上数学课时我能详细理解老师讲的内容					
81	在解决问题的时候，我能找出看不见的证据					
82	我能利用事情的关连，找出规则并解决问题					
83	听完老师讲解后，能够算出数学题					
84	我计算过的问题，能很好地向其他人讲解					

◎ 能做得非常好 → 5分，能做好 → 4分，做得一般 → 3分，做得不好 → 2分，做得非常不好 → 1分

■ 个人内省智能测验

编号	内　容	评价/（分数）				
		5	4	3	2	1
85	我了解自己现在的精神状态和感受					
86	我知道自己想要的是什么，也知道想得到的原因					
87	我有信心努力提高自己的才能					
88	我为了开发自己的智能，曾经做了许多努力					
89	做错事的时候，我能承担责任					
90	我能把自己该做的事情做好					
91	我经常想象将来自己要成为什么样的人					
92	制定目标后，我会朝着这个目标去努力					
93	我很了解自己什么能做和什么不能做					
94	我很了解自己性格的优点和缺点					
95	我平时不易发怒，即使生气也能忍住					
96	即使我非常想玩，但还是会做完该做的事后才去玩					

◎ 能做得非常好 → 5分，能做好 → 4分，做得一般 → 3分，做得不好 → 2分，做得非常不好 → 1分

■ 人际交往智能测验

编号	内　容	评价/（分数）				
		5	4	3	2	1
97	我懂得和朋友同甘共苦					
98	听到有人不幸的消息后会感到痛苦和伤心					
99	朋友们和我在一起都会感到很开心					
100	我通常为了缓解紧张的气氛主动与人搭话					
101	朋友之间吵架的时候，我常常充当和事老					
102	和朋友吵架以后，往往是我先开口和他沟通					
103	朋友们很尊重我的决定					
104	我能说服朋友们认同我的意见					
105	我周围有很多喜欢我的朋友					
106	和陌生的朋友也能轻松交谈					
107	小组学习时，即使里面有不对脾气的同学也能互助友好，积极参与					
108	我能够努力尊重同学的意见，解决课题					

◎ 能做得非常好 → 5分，能做好 → 4分，做得一般 → 3分，做得不好 → 2分，做得非常不好 → 1分

■ 自然观察智能测验

编号	内　容	评价/（分数）				
		5	4	3	2	1
109	我喜欢看与动物有关的电视节目和文章					
110	路过宠物商店的时候，总会不由自主地停下来观察里面的宠物					
111	看到受伤的小狗，就想救护它					
112	我讨厌虐待动物的人					
113	我喜欢植物，能牢牢记住植物的名称和特征					
114	一看到陌生的植物，就会上网或从书上查阅相关资料					
115	我能很好地养护植物，所以我养的植物都长得很好					
116	我去公园或山上游玩的时候，看到好看的花草从不采摘					
117	虽然会有一些不方便，但我还是喜欢在海边或森林等大自然中生活					
118	我积极努力保护自然环境					
119	我常常观察身边的动植物，所以比较了解它们的特征					
120	我比较了解每个季节里周边环境的变化					

◎ 能做得非常好 → 5分，能做好 → 4分，做得一般 → 3分，做得不好 → 2分，做得非常不好 → 1分

附录2

能力考核表的分数计算法

1. 使用基准表的方法

范例（参考P252）：小学五年级的孝贞的肢体运动领域的总分是52分。在《小学五年级学生基准表》中，52分的占94.11%。这意味着100名孩子中比孝贞原始分数高的人，只有5人左右，所以结论是孝贞的肢体运动智能较高。

孝贞的双手运作力的总分是39分。在《小学五年级学生基准表》中，39分的占58.62%。这意味着100名孩子中比孝贞的原始分数高的人有41人左右，所以结论是孝贞的双手运作智能普通。

■ 范例

京东小学五年级三班　李孝贞	原始分数	百分比判断类型	肢体运动
肢体运动智能 运动或舞蹈、演技等，运作我们肢体的能力	52	94.11%	较高
双手运作智能 精巧地制作东西的能力	39	58.62%	一般
空间智能 能很好地区别空间，运用美学价值的能力	43	58.66%	一般
音乐智能 包括对音乐的感受，并运用音乐的能力	55	95.20%	较高
创造力 用新颖独特的方法，解决问题的能力	52	92.59%	较高
语言智能 善于讲故事和写作，理解说话内容或文章的能力	30	16.73%	较低
数理逻辑智能 计算能力和逻辑思考能力	30	20.44%	较低
个人内省智能 能很好地调节个人情绪，对自己负起责任做出行为判断的能力	30	9.87%	较低
人际交往智能 善于理解他人，并能很好地与他人相处的能力	48	78.38%	较高
自然观察智能 喜欢动物或植物及自然环境，并能与它们和睦相处的能力	31	16.78%	较低

小学五年级学生基准表

原始分数	肢体运动百分比	双手动作百分比	空间智能百分比	音乐智能百分比	语言智能百分比	数理逻辑百分比	个人内省百分比	人际交往百分比	自然科学百分比
12	0.04	0.04	0.04	0.51	0.08	0.31	0.08	0.31	0.08
13	0.06	0.24	0.08	1.17	0.31	0.51	0.16	0.39	0.12
14	0.08	0.43	0.43	1.72	0.70	0.86	0.27	1.01	0.31
15	0.12	0.59	0.45	2.34	0.94	1.48	0.39	1.21	0.39
16	0.47	1.13	0.46	3.20	1.21	2.15	0.66	1.95	1.05
17	1.05	1.25	0.47	4.10	1.56	2.58	0.86	2.42	1.40
18	1.21	1.79	1.05	5.23	1.76	3.20	0.98	2.85	1.76
19	1.37	2.15	1.56	6.63	2.43	3.82	1.40	3.12	2.15
20	1.90	3.00	2.07	8.00	3.47	4.84	1.64	3.75	2.42
21	2.73	3.51	2.54	9.52	4.10	6.48	1.83	4.37	3.04
22	3.20	4.72	2.77	11.16	4.91	7.30	2.42	4.80	3.51
23	3.71	5.93	3.28	13.15	5.46	8.12	2.65	5.46	4.60
24	4.21	7.41	3.94	15.45	6.16	9.48	3.82	6.40	5.42
25	4.84	8.70	4.52	18.57	7.64	10.89	4.49	7.61	6.55
26	5.58	10.92	5.38	21.11	9.20	12.56	5.23	8.66	8.15
27	6.71	13.73	6.40	23.06	10.41	14.51	6.28	10.26	9.44
28	8.81	17.12	8.03	26.10	12.17	16.50	7.65	11.86	11.55
29	12.79	22.35	11.47	31.60	16.73	20.44	9.87	16.62	15.18
30	12.79	22.35	11.47	31.60	16.73	20.44	9.87	16.62	15.18
31	14.66	25.74	12.18	35.23	18.56	23.10	11.55	19.82	16.78
32	18.29	29.06	15.87	37.73	21.57	25.44	12.72	22.04	19.35
33	21.41	33.42	18.76	41.01	23.95	28.95	15.49	24.27	22.12
34	24.80	37.71	21.84	44.25	26.68	31.92	17.79	27.12	25.17
35	29.21	42.59	25.47	48.15	30.50	34.61	19.94	30.08	28.79
36	32.88	47.19	30.03	52.05	33.97	39.45	22.71	33.28	32.31
37	37.56	50.98	33.07	56.18	37.75	43.62	25.60	37.85	36.36
38	42.00	55.07	36.66	59.38	41.73	47.68	28.76	41.55	39.68

原始分数	肢体运动百分比	双手动作百分比	空间智能百分比	音乐智能百分比	语言智能百分比	数理逻辑百分比	个人内省百分比	人际交往百分比	自然科学百分比
39	46.88	58.62	40.44	63.36	44.15	50.76	32.46	46.16	44.21
40	50.98	62.62	40.44	63.36	44.15	50.76	32.46	46.16	44.21
41	55.42	67.39	49.22	68.16	52.46	56.85	39.48	53.88	51.66
42	60.26	70.98	53.86	71.01	56.28	60.67	43.15	57.35	55.99
43	65.41	74.30	58.66	72.96	60.37	63.52	47.05	60.98	60.44
44	70.40	77.22	62.32	75.34	64.70	66.45	51.54	64.81	65.28
45	74.84	80.42	67.00	78.81	68.21	68.90	55.64	68.90	69.68
46	78.90	82.88	70.90	81.27	71.65	71.75	59.89	72.77	73.35
47	82.57	85.18	75.66	83.14	73.75	73.86	63.64	75.03	77.06
48	86.43	87.25	78.59	85.41	77.26	77.02	66.64	78.38	80.88
49	88.85	89.35	82.10	87.63	79.41	79.67	71.09	81.23	84.04
50	91.38	91.42	84.75	88.69	82.88	81.62	74.95	84.08	86.62
51	92.75	93.02	87.32	89.66	84.79	84.86	79.17	86.81	89.54
52	94.11	94.93	90.17	91.30	86.08	86.93	82.83	88.69	91.46
53	95.28	96.14	92.82	92.24	88.46	88.88	87.16	90.79	93.80
54	96.72	96.96	94.46	93.56	91.11	90.83	91.07	93.64	95.51
55	97.78	97.82	96.57	95.20	93.33	92.74	93.95	95.01	96.29
56	98.95	98.71	97.70	96.61	95.28	94.65	95.90	96.53	98.32
57	99.65	99.38	98.87	97.70	96.06	96.18	97.54	98.05	98.32
58	99.84	99.84	99.30	98.40	97.74	97.85	98.32	98.91	98.79
59	99.96	99.96	99.65	99.10	98.79	98.95	99.57	99.53	99.38
60	100.00	100.00	100.00	100.00	100.00	100.00	100.00	100.00	100.00

小学六年级学生基准表

原始分数	肢体运动百分比	双手动作百分比	空间智能百分比	音乐智能百分比	语言智能百分比	数理逻辑百分比	个人内省百分比	人际交往百分比	自然科学百分比
12	0.04	0.08	0.08	1.03	0.32	0.36	0.12	0.28	0.28
13	0.08	0.12	0.22	1.43	0.40	0.56	0.16	0.42	0.36
14	0.19	0.44	0.36	1.90	0.56	0.83	0.24	0.56	0.44
15	0.19	0.44	0.36	1.90	0.56	0.83	0.24	0.56	0.44
16	0.40	1.03	0.52	3.21	0.99	1.55	0.52	1.31	1.35
17	0.87	1.11	0.56	4.05	1.03	2.14	0.56	1.63	1.90
18	0.99	1.43	0.71	4.80	1.19	2.70	0.67	2.06	2.30
19	1.15	1.79	1.35	6.15	1.63	3.17	0.91	2.46	2.82
20	1.39	2.34	1.86	7.42	2.30	3.93	0.95	2.90	3.41
21	1.71	3.13	2.30	9.04	2.74	5.20	1.07	3.41	3.93
22	2.26	3.97	2.50	10.39	3.45	5.95	1.51	3.89	4.52
23	2.74	4.92	2.90	12.46	3.93	6.51	1.82	4.64	5.39
24	3.37	5.99	3.41	15.23	4.72	7.62	2.42	5.24	6.58
25	3.93	7.22	3.89	17.18	5.59	9.04	3.21	6.31	7.38
26	4.84	9.64	4.88	19.48	6.70	11.11	3.77	7.30	8.77
27	6.23	11.82	5.51	22.09	7.97	13.05	4.52	8.61	10.31
28	8.05	14.36	6.94	25.23	9.76	14.99	6.15	9.88	11.90
29	9.40	17.29	7.93	27.97	11.38	17.29	7.42	11.38	13.80
30	11.34	19.79	9.48	30.58	13.17	19.20	8.13	12.93	15.99
31	13.45	24.71	11.58	34.75	15.03	21.78	9.48	15.23	18.05
32	16.74	28.52	14.00	38.36	17.61	24.00	10.71	18.17	20.55
33	20.39	33.68	16.07	41.37	20.55	27.65	12.85	20.59	23.05
34	23.52	37.01	18.05	44.90	23.01	31.14	14.84	23.28	26.85
35	25.57	40.62	21.98	48.59	26.38	34.24	16.82	26.42	31.14
36	31.89	46.25	26.74	52.40	30.70	38.64	19.40	30.66	35.90
37	36.49	50.02	30.19	56.41	34.15	45.72	22.45	35.2	40.10
38	40.90	54.82	34.31	60.17	38.24	46.81	25.62	39.43	44.27

原始分数	肢体运动百分比	双手动作百分比	空间智能百分比	音乐智能百分比	语言智能百分比	数理逻辑百分比	个人内省百分比	人际交往百分比	自然科学百分比
39	46.81	59.30	38.28	63.74	41.21	49.90	28.40	43.40	48.39
40	50.97	63.35	43.75	66.72	45.06	53.75	32.80	47.12	52.88
41	50.97	63.34	43.75	66.72	45.06	53.75	32.80	47.12	52.88
42	64.09	70.92	52.76	72.63	52.80	61.25	40.54	55.69	62.20
43	66.01	74.10	57.28	75.45	56.76	64.50	44.70	59.86	65.89
44	70.77	77.51	61.80	77.47	61.72	67.71	49.11	63.98	70.29
45	74.81	80.56	66.72	80.72	65.45	70.53	53.91	68.19	73.98
46	78.98	83.42	71.48	82.71	69.65	73.58	58.75	71.40	77.47
47	82.03	85.76	76.08	84.93	72.11	76.12	62.95	74.89	81.12
48	85.16	88.30	79.57	87.15	75.72	76.12	62.95	74.89	81.12
49	88.81	90.28	82.51	88.89	78.66	80.09	70.57	81.71	86.63
50	91.31	92.07	85.24	90.44	82.11	82.51	74.61	84.65	89.01
51	93.14	93.06	87.74	91.59	84.89	85.28	79.21	87.62	90.80
52	94.92	94.61	90.28	92.42	87.35	87.15	82.86	89.25	92.19
53	96.19	96.11	92.78	93.18	89.29	88.85	86.55	91.23	93.93
54	87.30	96.95	94.61	94.17	91.67	90.88	89.81	93.65	95.24
55	98.29	97.94	96.55	95.60	94.01	93.02	92.66	95.16	95.91
56	99.09	98.85	97.58	96.71	95.36	94.80	94.72	97.34	96.71
57	99.48	99.33	98.29	97.58	96.59	96.43	96.99	98.41	97.74
58	99.68	99.52	99.13	98.21	98.33	97.66	98.18	99.25	98.45
59	99.84	99.60	99.60	98.89	98.81	98.89	99.17	99.40	99.05
60	100.00	100.00	100.00	100.00	100.00	100.00	100.00	100.00	100.00

孩子们的梦想和强项实例

1. 想成为篮球选手的俊秀

一天到晚喜欢在外面玩耍的俊秀，虽然平常很怕生，但是运动的时候就变得格外开朗和阳光。俊秀说，他以后想成为一名篮球选手，我们来看一下俊秀的考核结果吧。

因为俊秀的肢体运动智能比较高，可以说具备了成为一名篮球选手的基础。但是要想成为一名优秀的篮球选手，需要努力不懈，而这种能力就是我们所说的个人内省智能。然而俊秀这方面的智能并不是很高，因此很容易在努力过程中受到挫折而放弃理想。

■俊秀的考核结果百分比柱形图

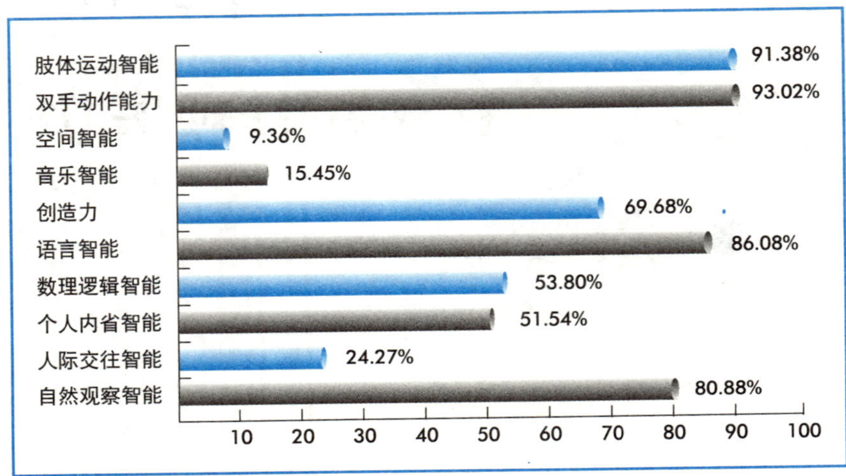

篮球比赛不是只有一个人的比赛，需要的是团队精神，这样才能推动比赛，因此需要人际交往智能。但是俊秀的人际交往能力偏低，空间智能也比较差，但进行篮球比赛时恰好需要空间智能，因为比赛时，运动员需要知道篮球在空间上的移动趋势。然而俊秀不必因此放弃梦想，因为强项是可以培养发展的。所以俊秀想成为一名优秀的篮球选手必须要有足够的自信心，努力提高自己的人际交往智能和空间智能。

2. 想成为舞蹈编导的孝贞

孝贞不仅喜欢听音乐，还喜欢看歌手和伴舞演员跳舞，而

且学歌也学得很快，歌手和舞者跳的舞蹈看了几次就能学会。所以她在学校人气很高。那我们来看一下孝贞的考核结果吧。

舞蹈编导从事的是不断编出新舞蹈动作的职业，要想编出新颖而独特的舞蹈需要创造力。而考核结果表明，孝贞的创造力比较高，可以说具备了成为舞蹈编导的最基本的条件。虽然说舞蹈编导是编出新动作的工作，毕竟和舞蹈有关，所以除了创造力，还需要肢体运动能力。而孝贞的肢体运动能力方面的分数也是比较高的。舞蹈是伴随音乐舞动起来的，如果把舞蹈和音乐分开，就无法成为完美的作品了。结果显示孝贞的音乐能力也非常高。结论是，孝贞具备了舞蹈编导所需要的肢体运动能力、音乐能力、创造力这三种能力，有充分的潜力成为一名优秀的舞蹈编导。

■ 孝贞的考核结果百分比柱形图

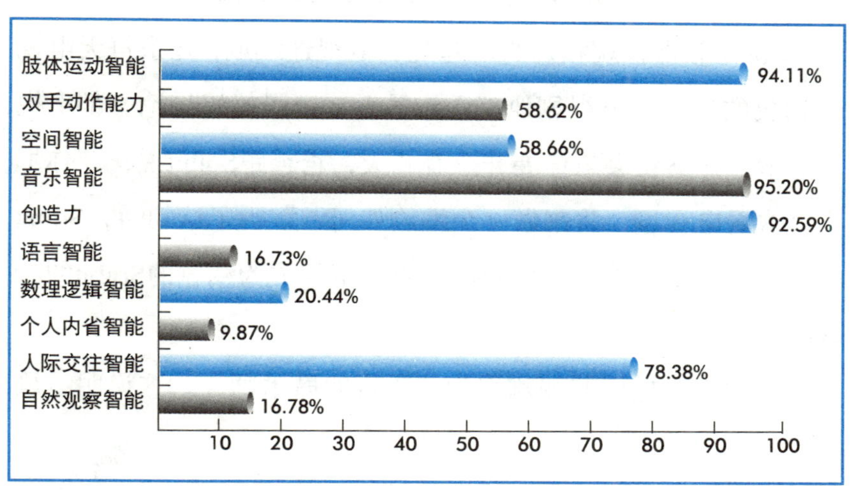

舞蹈编导是以舞蹈的形象进行思维的，是利用他人（舞者）来表达自己思想及感性的，所以需要很高的人际交往方面的能力。虽然孝贞这方面的能力不算很高，但可以说已具备了舞蹈编导需要具备的基本能力。

要实现梦想还需要不懈努力，以提高个人内省能力，孝贞虽然个人内省能力相对较弱，但是孝贞喜欢编舞，可能会在这种动力的推动下，排除困难，努力去实现梦想。编导要学会在现实生活中发现美的事物，需要产生舞蹈的创作想象力和创作点，所以必须努力提高个人内省能力，因此孝贞以后还需要多培养自己独立思考的能力。

3. 想成为编剧的solbit

Solbit非常喜欢和妈妈一起观看电视连续剧，几乎每天电视台播放的好看的电视剧他都看。最近，还跟妈妈讨论一部电视剧的情节往下将会怎样展开。有一天，爸爸跟Solbit说：“你那么喜欢看电视剧，将来做一个编剧如何？”听了这句话，Solbit内心一动，受到鼓励。那我们来看一下想成为编剧的Solbit的考核结果吧。

人们常常把好的编剧称为“语言的魔术师”，这说明编剧

是靠语言来掌控观众的情绪的。考核结果显示，Solbit的强项就是语言，与同龄人相比，他这方面的能力也比较突出。但是，编剧需要不断制造新的情节和故事，很可惜的是，Solbit的创造力比较弱，而且与同龄人相比低很多。

■ Solbit的考核结果百分比柱形图

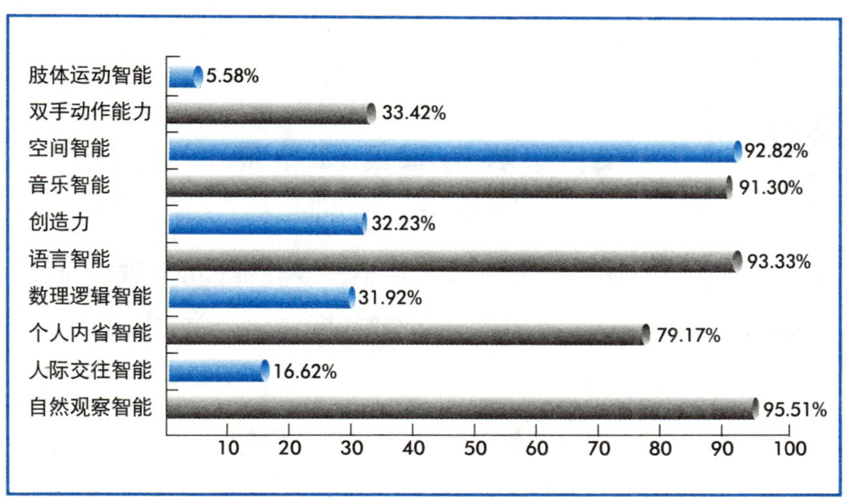

电视剧是语言能力和创造力共同作用下打造的作品，所以Solbit想成为编剧就要努力提高自己的创造力。因为Solbit很喜欢看电视剧，所以像现在这样猜测故事发展的情节也是很好的方法，而不断提出新的问题，鼓励孩子也是父母的职责。

还有一点很可惜的是，Solbit在人际交往方面的能力也不

是很高。编剧的作品将折射他的眼光，他的生活阅力，他的阅绘层次，他对人生、对社会的洞察力和感悟力，因此需要理解他人的感觉和行为。但是Solbit的个人内省智能比较高，如果知道自己的弱项而努力去改变，Solbit还是有可能成为优秀的编剧的。Solbit的自然科学方面的能力很高，利用此项优势撰写关于自然的剧本不妨去试一试。

4. 想成为服装设计师的哲秀

哲秀虽然是男孩子，但是却很喜欢时装。哲秀的妈妈、叔叔也都是服装设计师，所以哲秀从小就受到他们的影响，而且还希望继承妈妈的事业，成为一名服装设计师。那我们来看一下哲秀的考核结果吧。

要成为一名服装设计师需要较高的空间智能，而哲秀的强项正是空间智能。与同龄人相比，他这方面的能力比较突出，可以说，哲秀已经具备了成为服装设计师最基本的条件。设计服装的时候还要兼备细心缝纫的能力，而哲秀双手运作的能力同样也比较强。

但是，哲秀比较缺乏创造力。虽然哲秀这方面的能力是第三个强项智能，但是与同龄孩子相比，他只在中上程度。

■ 哲秀的考核结果百分比柱形图

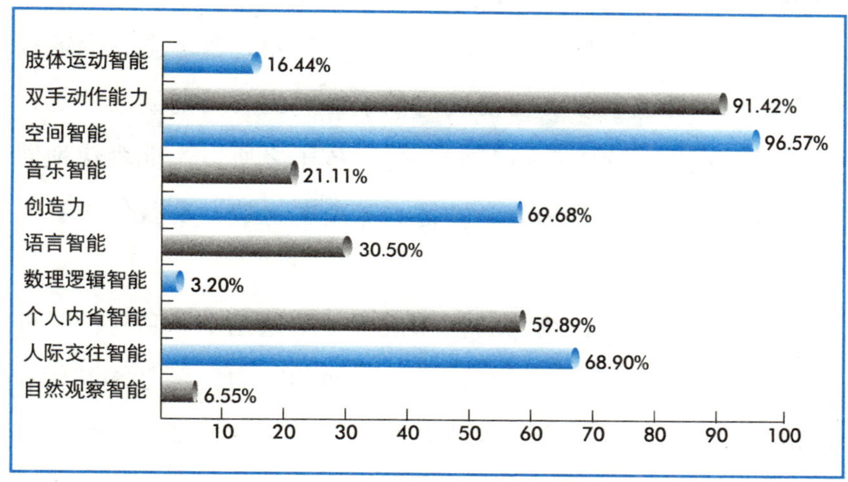

人际交往智能虽然没有创造力重要，但要想成为优秀的服装设计师，这种能力是必需的。因为服装设计师要根据顾客的需要设计出符合顾客要求的衣服，而哲秀交往方面的能力不算很高，只是同龄人的中上水平，需要下功夫去开发潜力。

为了提高创造力，需要培养全新的思维，这时候父母需要为孩子营造出能自由发散孩子思维的氛围。而且为了提高人际交往方面的能力，需要提供孩子与他人多沟通的机会。有很多福利机关、教会等，都开设了集体讨论项目，父母们可以和孩子一起参与。

5. 太多梦想的约翰

约翰不仅成绩好，而且能与同学和睦相处，运动、唱歌成绩都很棒。让这些多方面发展的孩子最感到为难的问题就是：“长大后想当什么？”有时候会想，孩子之所以不能爽快地回答这种问题，可能是因为个性优柔寡断的缘故。那我们来看一下约翰的考核结果吧。

与同龄人相比，约翰的强项很多。不论是学习功课的时候所需要的创造力、语言、数理逻辑方面的能力，还是和同伴和睦相处的人际交往、个人内省方面的能力，约翰都超出普通孩子。

约翰的空间智能相对来说比其他智能低，所以他有可能放弃有关空间智能的职业。但是，约翰这方面的能力与同龄人相比的话，也不是很差。根据考核结果我们可以判断，约翰具备了可以从事大部分职业的能力。

■ 约翰的考核结果百分比柱形图

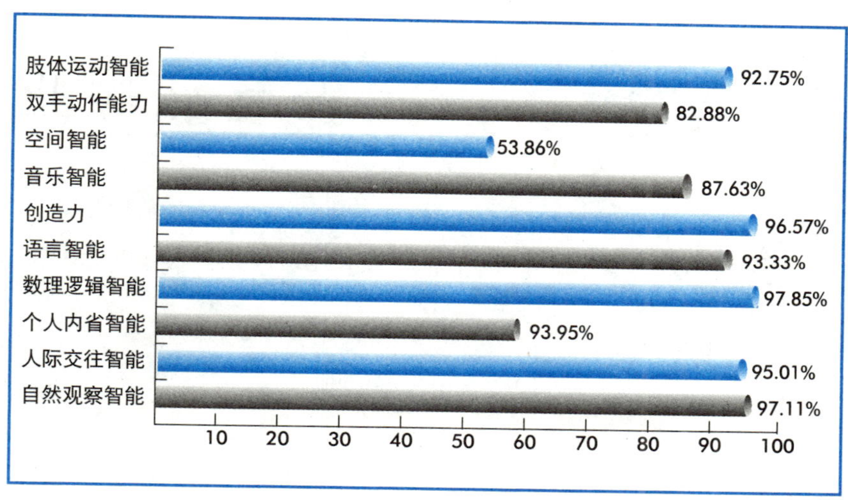

约翰有很多强项，所以往往很难选择适合自己的职业。而因为孩子还小，他的未来有很多发展的可能性，所以注意从多方面开发并培养他的能力是很重要的。

附录4

找出适合孩子的职业

■ 职业评量表

主要强项	职业类型	详细职业
空间智能 创造力 个人内省智能	有关照片、图像的职业	MV导演，VJ（影像技师），摄影师，摄像师，摄影记者，摄影技术人员
创造力 语言智能	作家	广告编辑，专栏作家，网络游戏编辑，评论家
肢体运动智能 个人内省智能 人际交往智能	有关运动、保安的职业	警察，保安员，生活体育指导人员，消防员，体育教练员，裁判员，运动员助教，职业军人，职业运动员
肢体运动智能 空间智能 数理逻辑智能	特殊驾驶人员	航海师，飞行员

主要强项	职业类型	详细职业
创造力 语言智能 数理逻辑智能 个人内省智能 人际交往智能	法学界职业	检察官，律师，审判官
创造力 语言智能 数理逻辑智能 人际交往智能	作家	经营管理，国际贸易，金融资产管理师（FP），企业分析家，保险精算员，市场调查分析家，证券分析家，证券中介，外汇经销商，资产管理家
语言智能 数理逻辑智能	有关财务的职业	鉴定师，会计师
创造力 语言智能 数理逻辑智能	有关人文社科的职业	经济学家，考古学家，金融经济学家，农业经济学家，大学教授（人文社会科），心理学家，语言学家，历史学家，人类学家，地理学家
语言智能 数理逻辑智能	有关语言、数理逻辑的职业	税务人员，记者，品牌管理家，领事馆秘书，口译人员，采访人员，电台记者，译者，报社记者，药剂师，主持人，外交官，节目主编，配音演员，估算人员，专职主持人，税务人员，辩护人员
语言智能 个人内省智能 人际交往智能	服务业	护士，婚礼司仪，美甲人员，按摩治疗师，家政人员，秘书，社会福利工作者，企业家，牧师，语言治疗师，导游，幼儿园教师，职业病治疗师，国小教师，美容师，酒店服务人员，酒店管理人员，酒精中毒、禁烟、禁毒治疗专家，空中小姐

主要强项	职业类型	详细职业
语言智能 人际交往智能	专业服务业	公务员，拍卖人员，公共中介人员，劳务介绍人员，解说人员，模特儿，咖啡师，调酒师，珠宝鉴定师，房地产中介人员，生活设计师，眼镜师，演员，营养师，急救人员，汽车销售人员，售货员，调香师，馆长，电话营销，殡葬处长，图书馆员，斟酒侍者，食品设计师，电视购物主持人
语言智能 个人内省智能	人文类教师	特殊教师
语言智能 数理逻辑智能 个人内省智能	理工类教师	职业训练师
双手运作力 语言智能 数理逻辑智能 人际交往智能	医疗类	兽医，医生，齿科医生，中医
空间知觉智能 创造力 数理逻辑智能	技术，理工类的专职	通信研究员，金属工程技术人员，机械工程技术人员，农业技术人员，大学教授（理工类），机器人研究员，物理学者，电台技术人员，电台设备技术人员，病理学者，产业工程技术人员，生物化学学者，统计学家，数学家，系统分析人员，系统工程师，电气工程技术人员，信息系统构建人员，信息通讯网研究人员，计算机游戏开发者，通信工程技术人员，航空交通管理师，解剖学者，核能研究家，化学家

主要强项	职业类型	详细职业
创造力 数理逻辑智能 自然观察智能	与环境有关的研究人员或技术人员	昆虫学家，气象研究员，城市规划家，物理学者，微生物学家，放射线学家，生物工程技术人员，生物学家，原子力工程学家，遗传工程研究员，地球物理学家，天文学家，航空宇宙工程技术人员，海洋水产技术人员，海洋学家，核物理学家，环境工程技术人员

孩子的未来，要靠自己努力创造

《金刚经》里反复用肯定和否定的方法来强调，不要惦念世俗的所谓“空”的思想，里面提到：“过了河，就把木筏丢掉，或是已经过了河却还背着木筏走等，都是愚蠢的事。”如果你领悟了真理，就要懂得不要用言语去说明的法则，也就是不要惦念着言语的本身。

如果已经领悟了多元智能理论这个新观点，多元智能理论就好比《金刚经》里的“木筏”，要果断地舍弃一直以来对学校智能的依赖，选择多元智能才是正确的。

孩子以后要走的路还相当漫长，没有必要把孩子局限在学校智能理论上。如果只用素质能力考核结果来断定孩子“这方面很好，其他方面是否有发展前途”、“这方面很优秀，我们不用担心孩子的未来了”等，是很危险的，我们只能把多元智能理论看成是“木筏”。

制作名牌皮包的人会尽自己所能来制作名牌皮包；制作名牌皮鞋的人也会凭着自己的努力制作名牌皮鞋。但是孩子的强项不是这样，不管妈妈多努力去培养孩子的强项，成功与否都在于孩子本身的努力，因为打开成功之门的钥匙掌握在孩子自己手里。

所以，比起妈妈的努力，孩子自身的态度更重要。帮助孩子面对现实是父母的责任，因为父母的态度会影响孩子的意志或态度、努力程度、实践结果等，而多元智能理论是帮助父母这种态度的“木筏”。

未来是靠孩子自己努力创造的，父母应该帮助孩子对自己的未来负起责任。

南美淑